百合のリアル

牧村朝子

星海社

38

SEIKAISHA SHINSHO

はじめに

はじめまして。牧村朝子《まきむらあさこ》と申します。

タレント／レズビアンライフサポーターとして活動をしている、二十六歳の女性です。日本生まれ日本育ちで、今は最愛の妻と、フランスのパリに住んでいます。

おそらく今、あなたの頭には、

なぜ女なのに「妻」がいるのか？
なぜパリなのか？

という疑問が浮かんでいると思います。それについてはのちほど、本文中であなた宛ての手紙に書かせていただくとして、まず「この本が何のための本なのか」ということをご説明しますね。

この本は、レズビアンのためだけの本ではありません。同性愛者の自伝でもありません。「レズビアンという概念と、牧村朝子という事例」を通して、男とか女とか、同性愛者とか異性愛者とか、オタクとか優等生とか、B型とかAB型とか、色々ザクザク切り分けられてるこの状況との、向き合い方を見つけるための本です。

ですから、レズビアンではない方にも読んで頂きたいですし、この本を我が子の本棚に見つけた親御さん方もどうかパニックにならないで頂きたいなと思います。

さて、今あなたにお話ししているわたしが、今までなにをやってきたのか。

十歳で女の子に初恋、即失恋。同性愛はよくないと、男モテのための努力を十二年間重ねました。その結果色々な男性に告白してもらったけれど、愛しているはずの彼氏の体にドキドキできず、そんな自分を劣等な女だと責めました。また同性に恋をしても、「自分はレズビアンとかいって個性的アピールしたいだけ」と自己嫌悪に陥ったり。性同一性障害かもと男装してみたけど、男になりたい訳じゃないから苦しくなってしまったり……。

そんなふうに悩んだ先、二十六歳で辿りついた答えは、愛する〝女性〟との結婚でした。そして今パソコンに向かい、あなたに伝えたいことを本にしているところです。

本書は、対話形式で進んでいきます。同じ事象も、角度が違えば見え方が全く違ってくるもの。様々な立場から意見を出し合うことが大事だと思い、こういった形式を選択しました。ナビゲーターとなるのは、四人の若者と一人の先生。若者たちは、先生からいくつかの質問を受け、思考し、議論を深めていきます。あなたもぜひ、彼らと同じく「自分はどうだろう」と考えながら読み進めてみてください。

四人の若者、一人の先生、そしてあなたと、わたし。それぞれのリアルを生きるための、それぞれの答えを一緒に探していきましょう。

モテたーい！
ヒロミ(24)
何よあいつ、お前は俺のこと全然わかってないだなんて〜！
たい焼き3つ!!
ハイヨー
あ、そういえばさっきもらったチラシ……
ゴソゴソ
これ、やっぱ行ってみようかなー
もぐもぐ
なんてたって安い！
本当の「モテ」を考える
MAYAの恋愛セミナー
講師：MAYA
参加費：3000円
ここから、

アキラ(23)
お前の幸せを祈ってる、と
送信
長年想い続けた女の結婚……俺にはお似合いの展開だ
本当の「モテ」を考える
MAYAの恋愛セミナー
講師：MAYA
参加費：3000円
場所：××タワー会議室
ここから、あなたの愛が動き出す。
……
行ってみようかな……
めっちゃ美人！
ずずっ

○○君がさ～
え～それでどうしたのー
かっこいいよね～
どんな子が好みかな～
男らしくてさ～
いけるって～
はるかはそういうのないの？
はるかは真面目《まじめ》だもんねー
……
……
はるか(16)

手術を
するつもりが
ない……?
どういうこと?
どうして?
お金がないの?
今のままが
自分にとっては
自然だから
サユキ(30)
……
私には
理解できないわ
……明日会う
「センセイ」は、
なんて言うかな
……

ようこそ皆さん
MAYAの恋愛セミナーへ
マヤ先生(??)
今日は
きれ〜……
皆さんと「本当のモテ」について考えていきたいと思います
ドキドキ
ところで、ご存知の方もいるかもしれませんが
私は女性のパートナーと暮らす人間です いわゆるレズビアンと呼ばれる者ね
!!

このセミナーでは、ただ私の話を聞いてもらうのではなくて
ちょっ、ねえ、知ってた!?
いや
みなさんと気軽に、そして楽しくおしゃべりできればと思っています
馴《な》れ馴れしい女だな
……
そんなに驚くこと?
どうしよう～私女にモテる方法なんか知ってても無意味なのに～!
さあ、最初は私からの質問よ
『モテる』とは何だと思いますか?
まずはそこから考えましょう!
?

1章

あなたは「モテたい」？　誰にどう「モテたい」？

「こんな男がモテる」「こんな女が愛される」の、その前に

マヤ

「そもそも『モテる』とはどういう状態のことかしら。『モテる人』とはどんな人のことかしら？　皆さんの考えを聞かせてちょうだいね」

ヒロミ

「そんなの、たくさんの人に好きになってもらえることに決まってるよー。あーあ、私もそうなりたーい。相手いくらでも選べそうだしさ」

アキラ

「うーん、俺の『モテる』のイメージは、好きな人の心が確実につかめる、って感じですかね」

マヤ

「『たくさんの人に好きになってもらうこと』『好きな人に確実に好きになってもらえること』、という意見ね。二人は、自分のことモテないと思ってる？」

ヒロミ

「はい！　私全然モテない方なんです！　頑張ってモテ服とかモテメイクしても、いまいち反応悪いんだ」

アキラ

「俺も、恋愛は下手じゃないかなって思います……女心つかむのがすごく上手くてフラレたことがない、みたいな奴見ると、自分には無理だなって」

はるか

「……わ、私は、美人で明るくて人気者、みたいな人になればモテるのかな、って……」

マヤ

「ふふふ、緊張しないでね。このセミナーは、いわゆる『モテるためのテクニック』を教える場ではないの。『自分は何をモテだと思っているのか』『それを自分は本当に望んでいるのか』まずはそこからよ。例えばヒロミさん、今言った『モテ服』って、どういうものがあるかしら？」

ヒロミ

「うーん、一見清純だけど、どこか一カ所色っぽさをアピールしてる、みたいなのが多いかな？　ちょっと胸元が広いとか」

マヤ

「なるほど。どうしてそういうものが『モテ服』なんだと思う？」

ヒロミ

「そりゃあ、男の人が色気《いろけ》に弱いからだよね〜」

アキラ

「別に男全員が女の人をそういう目で見てるわけじゃないんだけど……。俺、セクシーな服って苦手だし」

ヒロミ

「え、でも大体の男の人はそうじゃないのかなー」

サユキ

「ふーん、『大体の男』にモテりゃいいってこと？　そうなれば満足なんだ」

ヒロミ

「う、そう言われると……」

サユキ

「体目的の奴とか、とにかく淋しいから一緒にいてほしい、みたいな奴に寄ってこられるのって自分は嫌いだね。自分と合う人間を確実に選ぶ勘、みたいなものがある奴が『モテる』んじゃないの。ま、自分はその勘が鈍いらしくて、今

恋人がいないんだけどさ」

ヒロミ

「あー、なんかサユキさんてカッコイイ系だもんね！　年下の男の子が好きだったりしそう！」

サユキ

「男にモテたいなんて思ってないよ。自分、女が好きだから」

ヒロミ

「サユキさんもレズビアンなのー？　マジで？」

サユキ

「そうだけど。何か？」

ヒロミ

「いやー、二人もレズビアンの人に会ったのって初めてでちょっと緊張しちゃう」

サユキ

「へえ。**ヒロミちゃん、今まで会った女全員に、レズビアンかどうか確認とってきたの**」

ヒロミ

「か、確認!?　うーん、それはしてないですけどお」

サユキ「自分は女にモテたい女だから、『男ウケ』を研究しても仕方ないんだよね。なんでか、『モテる』って言うと『異性からのモテ』に限定されてる感じがあるけど」

ヒロミ「うーん、そう言われてみればそうかもしれない……あれ、でもなんで？」

マヤ「そうね。単純に『モテ服』と言っても、今ヒロミさんとアキラさんの意見が食い違ったように、男だから、女だからこういうものが好き、という風には断言出来ないの。また、サユキさんや私のような、『男性よりも女性にモテたいと思っている女性』もいるということがわかったわね。こうして考えてみると、『モテる』にも色々あると思わない？」

アキラ「あのー先生、もしかしてこのセミナーって、女性限定とか、レズビアン限定だったんじゃないですか？　だとしたら俺、完全に場違いな人間です。俺、女の人にモテたい男なんですが……」

マヤ「いいえ、場違いな人間なんかじゃありません。このセミナーは、いわゆる『レズビアン』や『女性』に向けたものではなくて、性や愛に悩《なや》む全ての人を対象としています。ぜひ聞いていってちょうだい。〝モテ観〟変わるわよ」

「……どうして、レズビアン限定にしなかったんですか？　先生、お話ししづらくないですか？」

「ふふ。私も昔はね、自分がいわゆるレズビアンだからという理由で、参加者をレズビアンに限定したセミナーを運営していたの。でも続けるうちに、参加者に条件をつける必要を感じなくなって、今のような形に変えました。自分自身のことを愛してほしい、知ってほしいという欲望《よくぼう》はみんな同じなんだ、ということに気づいたのよ」

「自分自身のこと？」

「そう。それが満たされないから、私たちは寂しかったり、焦ったり、辛《つら》かったりするの。だけどそもそも、愛されたい『自分自身』を私たちは理解しようと努力しているかしら？『ありのままの自分自身とはどういう人間なのか』をよく知ることの方が、ただ漠然《ばくぜん》と『男モテ』『女モテ』のテクニックを磨《みが》くよりも有効なのではないかしら」

「確かに俺も、自分のこと理解してくれる女の人にモテたいって思ってます。でも、自分が何が好きかとか、嫌いとか、割と知ってる方な気がするけどな……」

「アキラさんの目には、あなたを理解しようと努《つと》める女性が魅力的《みりょくてき》に映るということね。なら、『自分をわかってくれる人と愛し合いたい。だから、自分がこちらに好意と理解を示してくれたのを確認してからこちらも好きになろう』と考える女性のことは、どう思う?」

「う……そういうのはちょっと……めんどくさいです」

「あんた自身がそういうタイプなんじゃないの?」

「そ、そんなことないですよ」

「ふふふ。アキラさんがそうだ、と言っているわけではないのよ。でも、条件をつけずに相手のことを知ろうとする人の方が魅力的で、モテそうだ、というの

はわかるでしょう」

「あ、あの……。自分自身のことをよく知れば、周りから理解されるようになるんですか？」

「『自分自身のことを知れば、周りのこともわかろうと思えるようになる』ということね。人が、人のことを一〇〇%理解しきることは、おそらくできません。自分自身のことでさえ、ね。なぜなら、人は刻々と変化し続けるものだからなの。だけど私たちが求める『理解』とは、『自分が今何を考えているか常に把握《はあく》していてほしい』ということではなくて、『ありのままの自分を認めてほしい』ということでしょう。『わかってくれる人』というのは、実は『ありのままのその人を認める』ことができる人のことじゃないかしら」

「私、別れた彼氏に『お前は俺のこと全然わかってない』って言われたばっかりです……」

「自分自身の声に耳を傾けられる人は、相手自身のことも感じられる。ありのままの自分を認め、相手のことを尊重《そんちょう》できるようになります。『男だからこうすればモテる』『女だからこう生きれば愛される』というような枠組みを外して、違う角度から考えてみましょうね」

はるか

「違う角度から見ても、自分自身は変わらないんじゃないでしょうか……」

マヤ

「うふふ、それは先のお楽しみね。はるかちゃんは、『変わりたい』と思っているのかしら？」

はるか

「あ、えっと……そ、そうです、たぶん……」

マヤ

「そうなのね。あらまあ、そんなにかしこまらなくて良いのよ。気分を楽にして、一緒に考えましょうね」

男か、女か。普段、どうやって判断してる？

マヤ

「アキラさんは、女性にモテたいのよね。どうして『女性』がいいのかしら？」

アキラ

「う、うーん、改めて聞かれると困るんですけど、可愛いし、おっぱいあるし、

やっぱりモテるなら女の子だなって思います」

マヤ
「そうよねえ、わかるわ。じゃあアキラさんにとって、女性かどうかの判断基準は、おっぱいかしら？」

アキラ
「いや、おっぱいだけじゃなくて……あの、あ、あれがついてるかも判断基準です」

サユキ
「人のパンツの中身なんて、付き合うまでわからないだろ」

アキラ
「えっ……ああ、うーん、確かにそうですけど……」

マヤ
「アキラさんは、**なんとなく見た目で女性だと思った人に対して『女性器がついているはず』という想像をしてるんじゃないかしら**」

アキラ
「多分そうです。でも、体格だったり、服装だったりで、性別ってなんとなくはわかるものじゃないですか？　そんなにたくさん『女だと思ってたけど男だった』ってことがあるとは思えないです」

ヒロミ
「私もいちいち人の裸を確認したりはしないけど、男は男って大体わかるなー」

「そうね。今二人が言った通り、『男』か『女』かというのは、見た目で大体わかるのよね。言い換えれば、大体しかわからないということでもあります」

「大体？　男におっぱいはないじゃん」

「絶対的に見える肉体的な性差《せいさ》、つまり『オス／メス』の差も、単純な二色に塗り分けられるようなものではないのよ。人間は、胎児《たいじ》の時に男と女に分かれるとされているわね。これを『**性分化**《せいぶんか》』といいます。この性分化は、それぞれのホルモン分泌《ぶんぴつ》量や、それぞれのプロセスによって、染色体《せんしょくたい》、脳《のう》、生殖器《せいしょくき》など、色んな部分で起こるものです。性分化の結果、例えば脳や生殖器が、『どの程度その性別っぽくなるのか』は、人それぞれなのよ」

「ええっ、じゃあ、もしかしたら私の脳みそが実は四九％男だった、みたいなこともありうるの？」

「パーセンテージで簡単に表せるものではないけれど、私とヒロミさんの『肉体的な女っぽさ』は絶対に同じではないわね」

アキラ　マヤ

「人間の体って、そんなに個体差があるんですね……」

「男のおちんちん、女のクリトリスも、元は同じものです。胎児の頃に、その二つに分化していくのね。これも、常に完全に分かれた成長をするわけではないの。男女どちらともいいがたい性器を持って生まれてくる人もいる。そういう方のことを医学的には性分化疾患《しっかん》と呼びますが、性腺《せいせん》が精巣《せいそう》や卵巣《らんそう》になりきっていない、膣《ちつ》や子宮《しきゅう》がないなど、とてもたくさんの例があって、ひとまとめにはできません。ともあれ、まとめて性分化疾患とされた方々の多くが、自分を『男／女』のどちらかだとはっきり考えていらっしゃるわ。『男／女』に人を振り分けること、あるいは自分でどちらの意識を持つかということは、人間の数知れない個体差の上に成り立っている選択といえるわね」

「男＝オス」「女＝メス」とは限らない？

マヤ

「今『オス／メス』『男／女』という二つの言葉を使ったけど、これらは、必ず

しも同じ意味にはならないのよ。**『男／女』の区別というのは、人間が便宜《べんぎ》上《じょう》、世界を理解しやすくするためにつくりだした『言葉』**であって、男だから、女だから、と無条件に二つのグループに分けられる、ということではないの」

ヒロミ　マヤ

「『オス／メス』と『男／女』が違う？　うーん、よくわかりません……」

「そうね、ではちょっと考えてみましょう。『男／女』と聞いた時に、浮かぶイメージってあるわよね。例えば『男は力仕事をするもの』だとか『女はきれいなドレスを着たがるもの』だとか」

アキラ　マヤ

「はい、わかります。俺、力仕事とかめっちゃ苦手ですけど」

「あら、申し訳なさそうにする必要ないのよ。確かに、中学校のスポーツテスト結果などを分析すれば、生物学的な『オス』の方が同世代の『メス』に比べて筋力の平均値が高い、という結果が出るでしょう。でもそれはすなわち『男は力仕事をするもの』『力仕事ができない男は男失格《しっかく》』という〝決まり〟を作るものなのかしら。どうして、そんなイメージが生まれたんだと思う？」

ヒロミ

「そりゃあ、昔は力仕事が今よりずっと多くて、力持ちの男を使う方が効率がよかったからじゃないですか？　お城造るとか、トンネルを掘るとかそういうの。私が昔のお殿様で、アルバイト募集するなら断然頑丈《がんじょう》な男の人だよね」

はるか

「アキラさんみたいな人が来たら、面接で落とされちゃうってことですか？」

アキラ

「はるかちゃん……」

ヒロミ

「ま、手は多い方がいいから雇《やと》ってあげるけど、倒れたらクビだよね。フー、使えない奴だったな、って」

アキラ

「ひどい……」

ヒロミ

「ちょっと、本気で落ち込まないでよ。今が何時代だと思ってんのよ」

マヤ

「とっても大雑把《おおざっぱ》だけど、今の話もきっと要因の一つね。『労働力として、力仕事のできる男が重宝《ちょうほう》された』時代があったこと。他にも色んな複雑な理由があ

るわね。男とはこういうもの、女とはこういうもの、というような考えは、長い歴史の中でつくられてきたものなの」

「つくられてきたもの?」

「そう。瀬戸内海《せとないかい》の島々には『男漁女耕《だんりょうじょこう》（男は漁業、女は農業）』という伝統があったというし、古代中国でも『男耕女織《だんこうじょしょく》（男は農業、女は布を織《お》る）』とうたわれた詩編《しへん》が残っています。近代日本でも『男はサラリーマン、女は専業主婦』というモデルがあったし、そうとは限らなくなってきた現代日本にも『男は強く、女は優しく』という期待があったりするでしょう。こういう風に、性別によって持たされる役割を**性役割（ジェンダーロール）**といいます」

「『男は強く、女は優しく』って、なんとなく当たり前だと思ってました」

「『当たり前』と思いがちなところね。日本でもかつては、他の国に負けないために、『男』と『女』がそれぞれの役割を果たしながら『お国のために』頑張《がんば》る必要がある……と教えられていたわよね。『男』チームの役割は体を鍛《きた》え、家を

守り、一家を養《やしな》うこと。『女』チームの役割は家事《かじ》をし、子育てをして、男性を支えることでした。『オス／メス』は分類の言葉だけれど、『男／女』は分類だけでなく分担の言葉にもなったの。個人が誰と幸せになりたいかということよりも、『男チームと女チームで日本という国を強く大きくしよう』ということが重要視されていた時代だったが故《ゆえ》ね」

「うーん……。今、『個人の幸せ』って言ったら、俺は全然違うことを考えるなあ」

「そうね。戦争が終わり、日本が豊かになっていくにつれて、『お国のために、みんな男チームと女チームで頑張ろう』という考え方をする必要性も薄れてきました。もちろん男女で役割分担する価値観を尊重する方々は今もいらっしゃるけれど、性別にかかわらず平等な機会をという考え方は『男女共同参画社会基本法』を境《さかい》に主流とされているわよね。ただ、『オス／メス』という概念に上《うわ》塗《ぬ》りされてきた『男とは』『女とは』という考え方は、今も色々な形で残っています。そういった『男とは』『女とは』という意味づけが『男／女』そのものであるかのように、私たちは錯覚《さっかく》してしまいがちなのよ」

サユキ

「運動が苦手な男が劣等感《れっとうかん》抱いたり、車やバイク好きな女が『女らしい趣味《しゅみ》じゃないから』ってそれを内緒《ないしょ》にしたり、ってよくあるよな。自分も、バイクが趣味なんだけど」

ヒロミ

「わかるかもー。私すっごくお酒に強いんだけど、『お酒弱い子の方が女らしくて可愛い』って元カレに言われてから、初めて会う男の人の前だと酔《よ》ったふりするようになっちゃった。あ、そうか、これって私が『メス』だから、酒に弱くなきゃいけない、ってわけじゃないよね」

はるか

「私も、母に、『女の子らしくしなさい』って言われます……」

マヤ

「『オス／メス』『男／女』という二分法にとらわれるあまり、その中での個体差を見失ってしまうと、『自分は男なんだからこうしなければ』『あの人は女なんだからこうあるべきだ』という考えにつながるのね。でも今考えてみたように、それは決して〝決まり〟ではなくて、イメージなの。自分や目の前の人が、そのイメージにどれだけ合っているかなんて、見た目だけでは絶対にわからないわよね」

アキラ

「そう言われると、ちょっとホッとするかも」

サユキ

「『女は絶対男が好き』『男は絶対女が好き』っていうのも同じだな」

マヤ

「その通りね。『男／女だからこう生きているはずだ、こういうものが好きなはずだ』という思い込みを押し付けられて、気持ちがいい人はいないわ。それを逆に自分に向けて力んでしまえば、やっぱり自分で自分を苦しめることになるわよね。思い当たるところ、あるんじゃないかしら？」

ヒロミ

「あ、あはは……『男だから奢《おご》ってくれて当然』って思って、奢ってくれなかった男の人にイライラしちゃったり、それで喧嘩《けんか》になったり、って何回かあったかも……」

アキラ

「俺もある……。男っぽいところ見せようと思って、何でもこっちが決めて、頑張ってエスコートしてたら『キャラじゃないのに俺様ぶっててキモイ』って言われたことが……うう」

マヤ

「あらあら、元気を出して。セミナーは始まったばかりよ。今までと異なる考え

方を理解して、すぐに頭の中の『あたりまえ』を書き換えられる人なんていないわ。でも今お話しした中だけでも、**『男／女』の『こうあるべき』というイメージにとらわれず、他人や自分を個体差のある人間として見る視点がある**ということがわかったでしょう」

「なんとなく、想像はつきます……。でも、その視点に立つにはどうしたらいいか、まだよくわかりません」

「そうね、いきなり自分や他人を『人間そのものとして』見ましょう、と言われてもよくわからないわね。だからこそこのセミナーでは、まず自分や、周りの人たちの〝性〟のことから考え始めるの。その上で本当の『モテ』を考えよう、というのがこの会の主旨《しゅし》なのよ。わからないことがあったらなんでも聞いてね」

「じゃあ先生、私、レズビアンってなんなのか、聞いてみたいでーす」

「なるほど。では次は、『レズビアン』という言葉から考えてみましょうか！」

まきむぅからの手紙**1**

「レズビアン」を通して、生き方を考える

あらためまして、まきむぅ、こと、牧村朝子といいます。まずはこの本をお手に取ってくださったことに感謝いたします。どうもありがとうございます。

わたしは人間の性についてのあり方（セクシュアリティ）について、書いたり、話したりする仕事をしています。肩書《かたがき》で言えば、タレントでありライターです。テレビ出演・執筆《しっぴつ》の他にも、イベント企画や悩み相談などをやっているので、レズビアンライフサポーターと名乗ることもあります。東京で出会ったフランス国籍《こくせき》の女性と、二〇一三年九月にフランスで結婚し、現在はパリ在住です。

仕事を通しての夢は、幸せそうな女の子カップルに「レズビアンってなぁに?」って言われることです。例えば誰かが同性を愛するということを選択する時、いちいち「レズビアン」というカテゴリに自分を押し込める必要はない。だけど「私はレズビアンです!」というアイデンティティに胸を張ってもいい、そういう雰囲気《ふんいき》を作りたいと思っています。

この本は、**『レズビアン』というあり方を通して、個としての生き方を考える**」本です。

なぜ「個としての生き方を考える」ことが必要なのでしょうか。それは、どれだけ細《こま》かいカテゴライズを試みても、それ自体はけっして、わたしやあなたという、一人の人間を表すものにはなり得ないからです。

そして、「個としての生き方を考える」ためにこの本では、「レズビアン」という言葉を中心にすえました。

最初にも書いたように、わたしは今、愛する女性と一緒に暮らしています。いわゆる「レズビアン」の生き方として見られることが多いです。わたしはその見方を否定しません。でも、「レズビアンとしてこう生きなければ」という枠《わく》に自分で自分を当てはめてしまっていた頃、わたしはまだどこかで不自由を感じていました。「レズビアン」という言葉にとらわれなくなった時、初めて自分自身を生きられるようになったのです。

カテゴリだけではなく、まず個に目を向けること。当たり前ですが、これは「レズビアン」だけに必要な考え方ではありません。「女」「日本人」「ゆとり」「オタク」「アラサー」「ニート」「サラリーマン」「草食《そうしょく》系」。社会の中で人を区別したり、まとめたりするための言葉はたくさんあります。そういうカテゴリの箱に入ったり入れられたりする前の、ひとりひとりに、あなた自身に、その人自身に目を向けてみてほしい——そういう気持ちでこの本を書きました。

ですからこれは、「レズビアンのためだけの本」ではありません。手に取ってくださったあなたのための本です。

まずあなたと一緒に考えたいのが、「モテる」ってなんだろう、ということです。

もちろん世の中には「別にモテたくない。恋愛とか興味ないし」という方もいるでしょう。もしかしたらあなたがそうかもしれません。

でも、そういう方も一度もっと遠くから、改めて考えてみてください。「モテる」って、なんでしょうか？

女性ファッション誌では「最強・男モテコーデ！　デートシーン別着回《きまわ》し対決！」というような「モテ」の特集記事をよく見ます。また、男性コミック誌で「三十歳まで童貞《どうてい》だった僕が突然女にモテまくって大金も入ってきました。このパワーストーンブレスレットのおかげです！」なんて広告を見かけることもあります。

こうした例を見ていると、あることに気づきます。それは、これらの「モテ」という言葉は、ほとんどの場合で男女関係を前提としている、ということ。「女は男に、男は女にモテたくて当たり前」だとされているから、「異性に好かれるためのテクニック」が特集され、「異性にモテるための商品」が宣伝される。

「男と女」は求めあっていて当たり前。そんな前提が、いまの日本社会にはあるのではないでしょうか。

そういう「男と女、が当たり前」という考え方のことを、社会学用語で異性愛規範《いせいあいきはん》（ヘテロノーマティヴィティ）と言います。さらに、「生き物は男女でカップルになるように定められているんだ！　同性愛は自然に反する！　社会悪だ！　治療《ちりょう》しろ！　ていうかむしろ死刑《しけい》にしろー！」というような、『男と女』以外認めない」という考え方までいくと、それは異性愛主義《いせいあいしゅぎ》（ヘテロセクシズム）というものになります。

はー。息苦しい。もはや息苦しいどころか、生き苦しいわ。「それが当たり前だ」「そうすべきだ」「それが普通だ」と言われて、自分の「本当はこうしたい」を噛《か》み殺《ころ》すことほど虚《むな》しいものはありませんね。性の話に限らず、です。

さて、いきぐるしいあまりに愚痴《ぐち》っぽくなってしまいました。本題に戻りましょう。「モテる」という言葉が男女関係前提、いわゆる異性愛規範の上に使われていることが多い、という話をしました。その考え方のおおもとには、「人間の性別は男と女のふたつである」という思想があります。男女二元論《だんじょにげんろん》とも呼ばれます。

この男女二元論、良くも悪くも都合がいいんですね。「男女」というのは、実はとても大まかな分類でしかありません。それでもこの分類が規範とされている背景《はいけい》には、例えば「女性特有のガンを市役所負担で無料診断します」というような行政《ぎょうせい》上の都合があります。また、「男は浮気《うわき》をする生き物」「女だからかわいいものが好き」など、性別による傾向を皆で共有している方が互いの理解が早いはずだ、という思いこみもあるでしょう。

「男女」が、なぜ大まかな分類に過ぎないといえるのか。ここで、「性」を構成する様々な要素をご紹介します。

「性」を構成する要素

性自認《せいじにん》

自分が自分の性別をなんだと思っているか。

性《せい》他《た》認《にん》

他人から性別をなんだと思われているか。もちろん、全員の意見は一致《いっち》しない場合も。

性《せい》表《ひょう》現《げん》

見た目、服装、ふるまい、言葉遣《づか》いに、いわゆる「男性っぽさ」「女性っぽさ」あるいは他の要素をどのように取り入れているか。

性《せい》的《てき》指《し》向《こう》

どの性別の相手と恋愛やセックスをしたいか、もしくは、したくないか。

性《せい》的《てき》嗜《し》好《こう》

何に対して性的に興奮《こうふん》するか。

性《せい》役《やく》割《わり》

ある性別に対し、その性別を理由にして持たされる役割（例：「男なら女を守るべき」「女が家庭を守るべき」）。また更《さら》に、個人がその性別を理由にして、自分や他者の期待に応えること（例：「男だから体を鍛えよう」「女だからおしとやかにしよう」）。ジェンダーロールとも。

身《しん》体《たい》的《てき》性《せい》別《べつ》

♂か♀か。性器や性染色体で判断される。肉体的性別、生物学的性別とも。

生活上の性別

どの性別として生きていくか。例えば『ベルサイユのばら』で言うと「家族の前やフランス革命《かくめい》の戦いの中では男性軍人として振《ふ》る舞《ま》うオスカルが、恋人のアンドレの前でだけ女性として振る舞う」というように、状況によって切り替えている場合もある。

書類上の性別

身分証《みぶんしょう》や戸籍《こせき》といった公的書類にどの性別として記載《きさい》されているか。

それぞれの性器、言葉づかい、声、ふるまい、服の趣味があります。ホルモンの影響によって、いわゆる男性脳、女性脳の傾向《けいこう》を持つこともあります。染色体も、性別についての自覚も、百人いれば百通り、バラバラです。その「それぞれの差」を見ないことにして二つに分けてしまうのは、便利ですが実はとても乱暴《らんぼう》なことではないでしょうか。

さて、あなたはどうでしょう。改めて、前項の授業の登場人物たちのように考えてみてください。

あなたは、男ですか？　女ですか？　男っぽい女ですか？　女っぽい男ですか？　それともどれでもないですか？　そしてそれは、どうしてですか？

あなたは、男性にモテたいですか？　女性にモテたいですか？　その両方ですか？　そのどちらでもないですか？　相手が男性、もしくは女性であることを、あなたはどうやって判断しているのでしょうか？

地球上に、あなたと同じ人間はいません。わたしと同じ人間もいません。あの人と同じ人間もいません。みんなひとりひとり、それぞれのあり方で生きています。そして今この瞬間の、地球人口七十億人それぞれのあり方は、一秒後に、一時間後に、一年後に、十年後に、またそれぞれ変わり続けているのです。

あなたの細胞《さいぼう》は新しいものに生まれ変わり続けます。爪を切り落とし、髪を切り落とし、古い皮膚《ひふ》をこすり落として。考え方も変わります。話し方も、声も、顔も、趣味も、一緒にいる人も、変わり続けます。わたしも。あの人も。みんな変わり続けていて、みんな違うんです。

常に地面が動いているような、自分というものがふわふわどこかに飛んでいってしまうような、周りの人が得体《えたい》の知れない謎《なぞ》の人々に見えてしまうようなどうしようもない不安から逃れるために、人は言葉による区別というものを発明《はつめい》しました。「わたしたちはこういう人たち。あの人たちはああいう人たち」という理解をしはじめたのです。

でも、今この時代において、本当にそれだけでいいのでしょうか。「わたしたち」って、本当にみんな同じ人ですか？　言葉で、ひとりひとりの違いを見えないものにしてしまってはいませんか？

「モテる」「男」「女」普段なんとなく使っている言葉を見つめ直すことで、見えてくるものがあるはずです。世界を単純な色で塗り分けるようにカテゴリ分けして理解した気になるより、それぞれの色を大切にして、もっとカラフルな世界を一緒に見ていきましょう。難しいテクニックはいりません。「かけがえのない相手を、その人自身として尊重すること」。これだけでいいんです。

サユキさんも
レズビアン
なんですよね？
そうだよ
背高いし
クールな感じだし
女子高で
モテそう
女子高の王子様
キャ
先パイ
すてきー
女子高じゃ
なかったけどね
あれ、アキラ
チョコそんだけ？
うん…
共学でも
目立ちそう
ですけど……
いや、自分
男子校
だったからさ
女いなかったのまわり
……
!!

えええええ
こら、人の胸じろじろ見ない。自分がされたら嫌でしょ
すいませんー
せ、性別適合手術をしたってことですか……？
豊胸手術はしたけど、性別適合手術はしてない
えーと、えーとそれって
あんたと同じものがついてるってことだよ
えっ、じゃあ、おっぱいがあって、チンコもあって、だけどサユキさんは女の人で、女の人が好きで……？？？
そういうレズビアンの人もいるんだ……

ま、なれてるけどね
そういう反応には
…どうして
そういう風にしてるんですか？
それが自分にとっての
〝自然〟だからだね
……〝レズビアン〟って、何だ……？
ふふふ、何なんでしょうね？

2章　「男を愛する女／女を愛する男」以外の人たち

そもそもレズビアンって何？

マヤ

「まずはみなさんに聞いてみようかしら。『レズビアン』って何だと思う？」

ヒロミ

「女が好きな女、だよね？」

アキラ

「うん……それ以外に考えたことなかった」

サユキ

「自分もそう思うね。女が好きな女だって本人が思えばそうだよ」

はるか

「私は……よくわかりません」

マヤ
「例えば、『広辞苑《こうじえん》』ではこう書かれているわね。女性の同性愛者。レズ。エーゲ海《かい》のレスボス島の女性が同性愛に耽《ふけ》ったという伝説による語」

アキラ
「それじゃよくわからないな……」

はるか
「さっきのお話で、男の人とか、女の人とか、よくわからなくなりましたし……」

ヒロミ
「先生はー？　先生は、いつレズビアンになったんですか？」

マヤ
「特にきっかけがあったわけではないのよ。私にとって恋愛とは、相手に対して『愛』と『女』を同時に感じることなのよね。『いつなった』とかいうものではなくて、感覚的に持っていたものって感じかしら」

サユキ
「他人に何か言われることはないんですか」

マヤ
「あるわね。私は男性と付き合った経験があるから、『それはバイセクシャルだ』

とか『本物のレズビアンじゃない』って言われたりするの」

ヒロミ

「えっ、先生って男の人と付き合ったこともあるんですか!?」

マヤ

「ええ。レズビアンと一口で言っても、本当に色んな人がいるのよ。男性と交際経験のある人、性的な関わりを持たなくても男性を好きになった経験ならある人、男性と友達づきあいはするけど恋愛はしないという人、男性そのものに関わりたくないという人、女性から男性になった人なら付き合えるという人、男性っぽい女性が好きという人……一〇〇人いれば一〇〇通りに違うわね」

アキラ

「俺、レズビアンの人って男っぽい人が多いんだと思ってました。宝塚《たからづか》の男役みたいな」

ヒロミ

「私もそれに近いかなー。女子校にいるボーイッシュで王子《おうじ》様みたいな先輩と、それに群《むら》がる後輩たち！ってイメージ」

はるか

「私は、なんだか、すごーく女っぽい人っていうか……えっちなお姉さんっていう感じの人たちかなぁと思ってました」

マヤ

「うふふ。こうやって、人それぞれのイメージを持っているでしょ。もちろん、

今皆が言ったようなタイプのレズビアンの女性もいるでしょう。でも、『自分はレズビアンです』と言っている、あるいは考えている人の中には色んな人がいて、一つのイメージがあてはまらない場合もたくさん出てくるわよね。

話をまとめましょう。『レズビアンとは女性を愛する女性だ』と言っても、みんなそれぞれ違うことを想像する。これは『レズビアン』『女性』『愛』という言葉に、みんなそれぞれ違う意味やイメージを持っているからよね。もちろん、『女性とは何かわからない』『愛とは何かわからない』という人も含めてね」

「はい……」

「そこで、最初のお話、『男や女としてではなくその人自身を見ること』に戻るのよ。『男とは』『女とは』『愛とは』『レズビアンとは』だなんて、人によりそれぞれ違う意味でとらえていたり、違うイメージを持っていて当たり前なの。経験や出会いを通して、一人の人間の中ですら変わってくることもあるわ。そうしたたくさんの違いがある中で『レズビアンって何？』って聞かれたら、『レズビアンだと思う人がレズビアンだ』と言うほかないわよね」

サユキ　マヤ　ヒロミ

「自分をレズビアンだと思っていて、他人から『お前はレズビアンじゃない』って言われた時はどうすればいいんですか」

「『お前にとってはな』って言い返せばいいわ。口で言うか、心の中で言うかはおまかせするけどね♡」

「さすが先生！」

トランスジェンダー＝性同一性障害？

サユキ

「確かに、『レズビアンかどうかは自分が決める』ことですよね。でも、『レズビアンかどうかを他人に決められる』ことだってあると思うんです。例えば自分みたいなＭｔＦは、身分証の性別が男のままだったりするんで、女性限定のレズビアンイベントに入れないんですよ」

マヤ　アキラ

「ちょうど、次はそのことについてお話ししようと思っていたところよ。一応書いておきましょう。ＭｔＦ、ＦｔＭ……っと」

「え、エムティーエフ……？　マウンテン・フジ……？」

マヤ
「よくわかったわね！　Mt＝マウンテン、F＝フジ。つまり富士山《ふじさん》のことです」

はるか
「サユキさんが……富士山……!?」

サユキ
「帰っていいっすか」

マヤ
「うふふ、ごめんなさいね。ノッたけどツッコむ人がいなかったわ」

アキラ
「いやいや、ボケてないですよ。本当にマウンテン・フジだと思ったんです！　MtFって何ですか？」

マヤ
「MtFとは、英語で **Male to Female** の略。つまり、男性（Male）とされて生まれたけれど、女性（Female）として生きることを選んだ方のことです。もちろん、その反対が **FtM** になります」

ヒロミ
「あ、わかった、性同一性障害《せいどういつせいしょうがい》のことだ！　男だけど女の体で生まれちゃったとか、その逆とか。ドラマで見たことある。病院行ったり手術したり、大変なんでしょ？」

はるか

「そうなんですか……でもサユキさんはもう女の人になれたから、大丈夫なんですね。よかった……！」

アキラ

「え？　サユキさん、さっき性別適合手術《せいべつてきごうしゅじゅつ》は受けてないからその……チンコついてるって言ってたよ。だからまだ性同一性障害は治《なお》ってないんじゃ？」

サユキ

「治るとか、治らないって話じゃないんだよね。自分の場合」

はるか

「！　そんなに深刻な病気なんですか……？」

サユキ

「違うよ、はるかちゃん。治さなきゃいけない体だと思ってないんだ。自分は制度上、性同一性障害とされるだろうし、社会的にはＭｔＦだとかオカマだとかオネエだとか思われてる。だけど自分自身は、自分のことを既に女だと思ってる。そして病気とか、障害を持って生きているとは思ってない」

アキラ

「ややこしいなあ」

サユキ

「ややこしいんだよ。そして自分でそう言ってるだけじゃ、自分が女だってことと、色んな場面で認められないんだ。医者に『あなた病気ですね。手術しましょう』って言ってもらって、弁護士《べんごし》に『手術できたんですね。じゃあ戸籍の性別と名前を変えましょう』って言ってもらって、カラダと書類の内容を変えないと、社会的には認めてもらえない。自分がいくら女だって言おうが、人はチンコとかパスポートとかを見て『でもお前男じゃん』って言うんだよ」

ヒロミ

「うーん」

アキラ

「俺の股間《こかん》見るのやめてよ……」

サユキ

「性同一性障害っていうのは結局さ、自分みたいな人間を病気として手術して、制度上の性別を変えるためにある病名でしかないと思うんだ。もちろん、『自分は病気なんだ』って考えの人もいるよ。『治療』が必要だと感じている人が、病院に通って処置を受けて少しでも楽になるならいいと思う。だけど自分はそうじゃないってこと。まあ、胸だけは、ドレスとかをきれいに着こなしたくて豊《ほう》

胸《きょう》したけどさ。その必要を感じないところに、これ以上メスを入れたくはないんだ」

「サユキさんみたいな人全員が、体を全部変えるような手術を望んでいらっしゃるというわけではないんですね……」

「そうね。日本で『性同一性障害』と呼ばれているものは、海外では〝疾患《しっかん》〟という扱いではなかったりするのよ。**例えばアルゼンチンには、『ジェンダーアイデンティティ法』という法律があります。この法律では、生まれた時に決められたものと違う性別を選びたいという気持ちを、〝疾患〟としてではなく、〝個人の権利〟として扱っているの。**だから日本みたいに、手術や裁判《さいばん》が必要とされることなく、個人の考えで性別を選んで生きていけるわ」

「へえ～、個人の権利で性別が選べる世界なんて想像したことなかった！」

「自分も選びたいよ。名前も変えたい。例えば自分が事故ったら、チンコがあるからって理由で男性用の病室に入れられると思うんだけど、こんなおっぱいのあるヤツが入ってきたら周りの男も気を使うよね。自分だって見られるの嫌だし」

アキラ
「そうか、そういうこともありますよね……俺、倒れて女性用の病室に入れられる可能性とか皆無だしなあ」

ヒロミ
「名前だけでも変えられないの？」

サユキ
「ダメだね。弁護士が、チンコついてるから無理って言ってた」

はるか
「サユキさんって、変えなくても、素敵な名前だと思いますけど……」

サユキ
「本名はマサユキなんだよ」

アキラ
「それでも、手術しようとは思わないんですね」

サユキ
「思わない。チンコも含めて自分だし、チンコついてたって自分は女だから」

マヤ

「チンコという言葉は使ってないのだけど、現代日本の家庭裁判所は確かにサユキさんを女性として認めないでしょうね。日本の裁判所の公式ページには、こう書いてあります」

家庭裁判所は、性同一性障害者であって、次の①から⑥までの要件のいずれにも該当する者について、性別の取扱いの変更の審判をすることができます。

①二人以上の医師により、性同一性障害であることが診断されていること
②二十歳以上であること
③現に婚姻《こんいん》をしていないこと
④現に未成年の子がいないこと
⑤生殖腺《せいしょせん》がないこと又は生殖腺の機能を永続的《えいぞくてき》に欠《か》く状態にあること
⑥他の性別の性器の部分に近似《きんじ》する外観を備えていること

※性同一性障害者とは、法により「生物学的には性別が明らかであるにもかかわらず、

心理的にはそれとは別の性別であるとの持続的な確信を持ち、かつ、自己を身体的及び社会的に他の性別に適合させようとする意思を有《ゆう》する者」とされています。

アキラ

「『現に未成年の子がいないこと』、ってことは、子どもを産んでから変更したくなったら、下手したら子どもが成人するまで十何年も待たなきゃいけないってことだよね？」

はるか

「新しく子どもを作ってはいけないし、性別を変える時点では独身《どくしん》じゃなきゃいけないってことも書いてありますね……。つまり、結婚している人は離婚《りこん》しなくちゃいけないんですか？　そんな……」

サユキ

「あと性別変えた後も、自分の好きな人と同性同士になるなら結婚できないし、異性同士になるなら結婚できる。自分の場合は女が好きだから、変に裁判やって性別変えると、惚《ほ》れた女と結婚できなくなるんだよ」

ヒロミ

「そっか、逆に考えれば、私とマサユキさんは今『同性結婚』できるってわけかー。両方女だけど、戸籍では男女になるんだもんね」

「冗談でもマサユキって呼ばれるの嫌だからやめて。戸籍の方が間違ってんだよ」

「ご、ごめんなさいい……。でもさ、なんでそんなに不便なことになるの?」

「社会制度というのは人間が作ったものだから、不都合《ふつごう》なところや不完全なところがたくさんあるのよ。どういう性別で生きていきたいか、誰を愛していきたいかといった考えは人それぞれ違うのだけど、現状は男女だとか、同性異性だとか、性同一性障害だとかそうじゃないとか、ある程度まとめて管理する形になっているから、つじつまが合わない部分も出てくるのよね。

でも、社会制度だけではないわね。こういった、千差万別《せんさばんべつ》の性に対するあり方を私たちは普段、学問や医療や政治やおしゃべりの都合に合わせて『男』とか『レズビアン』とか『オネエ』という名前を使って分類しているわ。だからこそ、一つの単語や表現にとらわれすぎることは、誤解《ごかい》やすれ違いにつながってしまうの」

「なるほど……」

マヤ

「おさらいをしましょう。ＭｔＦ、ＦｔＭとよばれる人たちがいます。それぞれ『男から女に』『女から男に』を意味するんだけれど、全員が自分を『性同一性障害』という病気だと思うわけでもなければ、全員が手術を望んでいるわけでもないということ。付け加えれば、**Ｍ（男）でもＦ（女）でもなく『Ｘ』**、つまり中性や無性やどれでもない性として生きていくことを選ぶ方もいます。そういう人たちは自分のことを**『ＭｔＸ』『ＦｔＸ』**と表現したりするわ。
　こういった方たちをまとめて『性別越境者《せいべつえっきょうしゃ》／トランスジェンダー』と呼ぶこともあるの。でも、越境とかトランスという言葉は、『性別とは男と女のふたつである』という見方に基づいているから、こういう呼ばれ方自体を否定する方もいる、ということは覚えておきたいわね」

レズビアン、ゲイ、バイセクシャル、トランスジェンダー……

アキラ

「なんか、性別のことがよくわからなくなってきました……」

マヤ

「ふふ、混乱させちゃったかしら。ではここで、人間の性のあり方を、大まかに六つの視点から考えてみましょうか」

生物学的性別（セックス）

オス（男性器を持つもの。より小さな配偶子《はいぐうし》、人間の場合精子《せいし》を作り出すもの）

メス（女性器を持つもの。より大きな配偶子、人間の場合卵子《らんし》を作り出すもの）

社会的性別（ジェンダー）

男（男であると分類されるもの。男の社会的役割を期待されるもの）

女（女であると分類されるもの。女の社会的役割を期待されるもの）

性表現

男《だん》装《そう》（社会において男のものとされる服装、話し方、しぐさ等により男を装うこと）

女《じょ》装《そう》（社会において女のものとされる服装、話し方、しぐさ等により女を装うこと）

異性装《いせいそう》（女と分類される者が男装すること、または、男と分類される者が女装すること）

性同一性

シスジェンダー（他者に判断された自分の性別を、自分でも選びとっているもの）
トランスジェンダー（他者に判断された自分の性別ではなく、自分であり方を選ぶもの）
Xジェンダー（他者に判断された性別でも、男性でも、女性でもないあり方を選ぶもの）

性的指向

ヘテロセクシュアル（自分と異なる性別の人を恋愛対象にする）
ホモセクシュアル（自分と同じ性別の人を恋愛対象にする）
バイセクシュアル（同性もしくは異性を恋愛対象にする）
パンセクシュアル（同性も異性もどちらともいえない人も恋愛対象、性別で分けない）
アセクシュアル（他者を恋愛や性欲の対象にしない）
ノンセクシュアル（他者を恋愛対象にはするが、性欲の対象にはしない）

配偶システム

モノアモリー（一対一で合意の上での恋愛関係を結ぶ）

ポリアモリー（三人以上全員合意の上での恋愛関係を結ぶ）

ヒロミ

「うわ〜、こんなにたくさんあるの!?」

アキラ

「**『ホモセクシュアル』って、男同士の恋愛のことに限らないんですね。**俺ずっと、『ゲイ』と同じ意味だと思ってました」

ヒロミ

「あれっ？　そういえば『ゲイ』と『レズビアン』が入ってなくなーい？」

マヤ

「そうね。あえて分けるとすれば、ゲイとレズビアンはどちらも『ホモセクシュアル』に含まれるわ。他にも言葉は作られつづけているわね……例えば、『自分は基本的に異性が恋愛対象だと思うけれど、これからもし同性と恋愛関係が始まっても抵抗《ていこう》はない』という『ヘテロフレキシブル』だとか」

ヒロミ

「へー！　どうして、そういう言葉も一覧にしなかったんですかー？」

「人間の性に対するあり方は、分類して一覧にできるようなものではないからよ。例に挙げた六つの視点以外にも、他の視点をもつことだってできます。また、例に挙げた男とか女とかいう言葉以外にも、『その中間のどこか』『その両方』『そのどちらでもある』『そのどちらでもない』という人だっているわけね。それから、例えば『女装とはそういう意味じゃない！　自分の思う意味はこうだ！』という言葉の定義の違いもあるでしょう」

「ううーん……」

「うふふ。ほら、一覧にはできないでしょ？　更に言うとそれらは、経験や出会いを通して変わることももちろんあるわよね。例えば『自分はホモセクシュアルの男だから女装しないといけないって思ってたけど、男の格好《かっこう》をしていても好きだって言ってくれる彼氏に出会えた』というように」

「えーっと、じゃあ私の場合、生物学的には多分メスで、社会的性別や性表現が女で、シスジェンダーで、ヘテロセクシュアルで、モノアモリー、ってこと？

マヤ　ヒロミ　サユキ

えっと、合ってる?」

「他人に聞いたってわかんないよ」

「だって、こんなに細かいんじゃ、人とどう話していいかわかんなくなるじゃん! 今までずっと、私は女、向こうは男、だけだと思ってたんだもん」

「こうして言葉で見ると、難しいと感じるかもしれないわね。けれどまとめて言えば、心がけるべきことは一つだけだと思うのよ。それは、**集団の傾向や関係を、あくまで集団のものとしてとらえ、個人に押し付けないこと。**例えば『男は女より腕力《わんりょく》が強い』とか『女は男を恋愛対象とすることが多い』という傾向があったとしても、それはあくまで傾向としてとらえること。『だから女であるAさんは男であるBさんより力が弱いはずだ、弱くあるべきだ』とか『だから女である自分は男を恋愛対象にするはずだ、そうするべきだ』などと言わないことね」

アキラ

「押し付けないこと……やっぱり、それが一番大事なんですね」

マヤ

「ええ。これだけ多様な性に対するあり方を、正確に分類することや操作することは不可能なのよ。『性に対するあり方の正しい分類』なんて、存在しないのだもの。性は多様になりはじめたのではなく、もともと多様なのよね。大事なことは、**『性に対するあり方が近い人たちでお互いに安心感を持ち、性に対するあり方が遠い人たちでお互いの違いを見つめ合うこと**』だと思うのよ。そのための見方の一つが、『男と女』であると言えるんじゃないかしら」

セクシュアルマイノリティは「少数」？

はるか

「その……マヤ先生が『みんな違うんだから分けられないのよ、その人自身を見るのよ』っておっしゃっていること、すごく勇気が出るし、信じたいです。でも実際には、多くの人はそういう風に考えないんじゃないでしょうか」

サユキ

「おー、言うねーはるかちゃん」

はるか

「世の中、『男の人が好きな女の人』と『女の人が好きな男の人』がほとんどで

すよね。そうじゃない人は、やっぱりとても少ないんじゃないでしょうか。少ない人は、何を考えているか、何が好きか、わかってもらえません。わかってもらえなければ、どんなに頑張ってもモテないと思うんです。例えば、例えばですけど……私が女の子を好きになってしまったとしたら、やっぱりその子は、私のこと、変だと思うんじゃないでしょうか。女の人が好きな女の人は、少ないから……」

マヤ

「たしかに、レズビアン、ゲイ、バイセクシュアル、トランスジェンダーなどなど、いわゆる**『男性が好きな女性』『女性が好きな男性』以外の人たちのことを、『セクシュアルマイノリティ』とか『性的少数者』と呼ぶことがあるわね。**マイノリティという言葉が、〝少数派〟を意味します」

サユキ

「略して『セクマイ』って言ったりするね」

マヤ

「実は英語では、同じことを表すのに『セクシュアルマイノリティーズ（Sexual minorities)』、つまり『性的少数者たち』という言い方をしているの。社会通念上〝少数派〟とされる人たちの中にも、当然ながら個人差・多様性があります。

そういうあり方を総括《そうかつ》する時には、複数形で表現する方が誠実である、という考え方に基づいた呼び方なの。『セクマイ』などの複数形でない呼び方は、そういった名前の単一のグループがあるように感じさせる危険もはらんでいるのよ。ちなみに、**『LGBT』**という言葉も同様ね。これは**『レズビアン』『ゲイ』『バイセクシュアル』『トランスジェンダー』の四つの頭文字をとった名前**だけど、さっきお話ししたように、性的少数者たち全員が、その四つに分類されるわけではありません」

アキラ

「うん、もっと色んな分け方も、見方もあるんですよね」

マヤ

「こうした人たちは、**少数〝派〟ではあっても〝少数〟とはいえません。例えば同性愛者の割合は、日本の中でのAB型や、左利きの人の割合よりほんのちょっと少ないくらいかな。二〇一三年に行われた日本での調査で約一万四千人にアンケートを取ったところ、男性の四・九%、女性の七・一%が同性愛者だという結果が出ています**」

はるか

「一〇〇人中五人とか七人ということは、小中学校の一クラスに一人以上はいるくらいの割合ですね……」

あなたの恋愛対象を教えてください

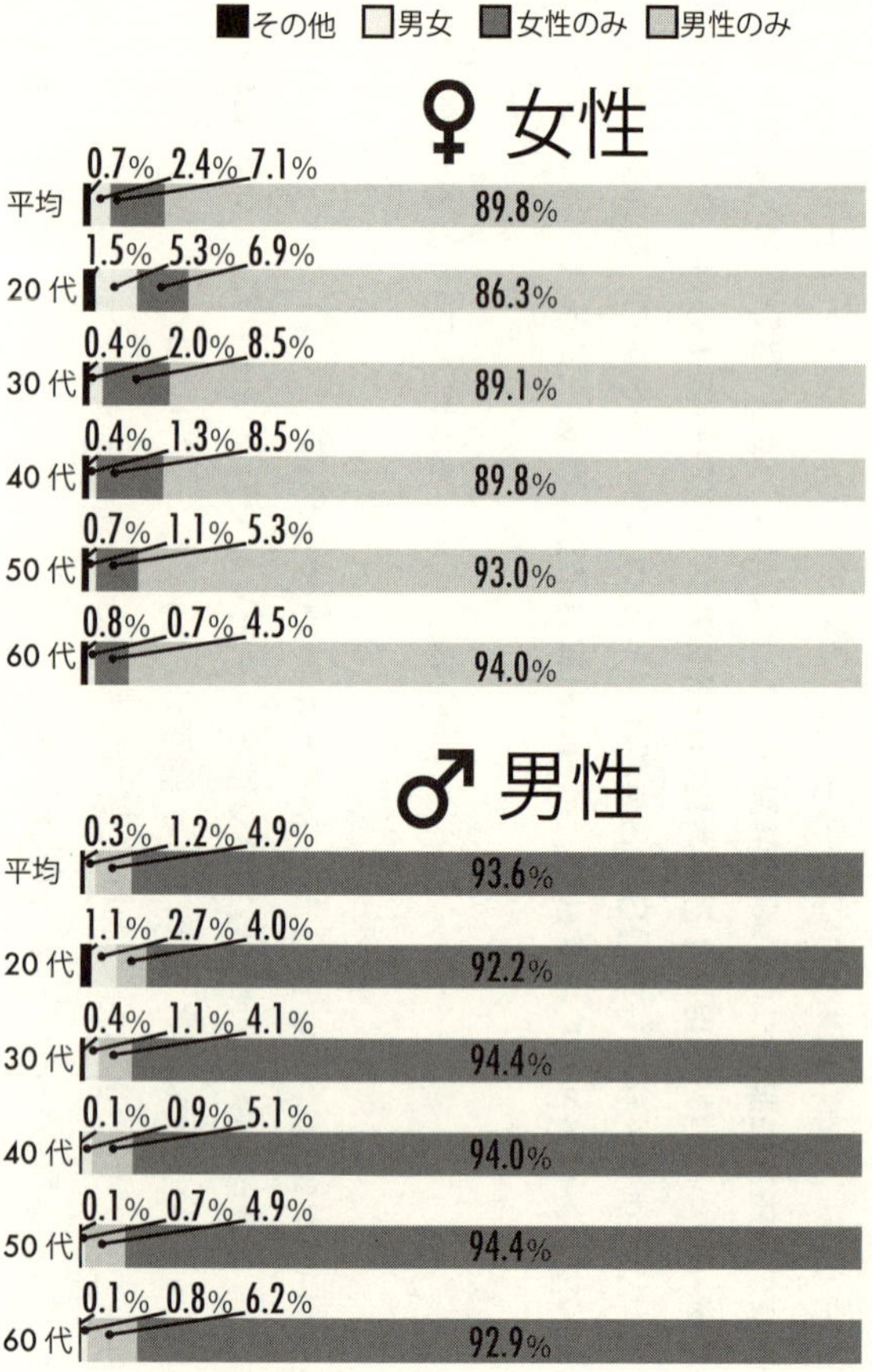
■その他 □男女 ■女性のみ ■男性のみ
♀ 女性
平均 0.7% 2.4% 7.1% 89.8%
20代 1.5% 5.3% 6.9% 86.3%
30代 0.4% 2.0% 8.5% 89.1%
40代 0.4% 1.3% 8.5% 89.8%
50代 0.7% 1.1% 5.3% 93.0%
60代 0.8% 0.7% 4.5% 94.0%
♂ 男性
平均 0.3% 1.2% 4.9% 93.6%
20代 1.1% 2.7% 4.0% 92.2%
30代 0.4% 1.1% 4.1% 94.4%
40代 0.1% 0.9% 5.1% 94.0%
50代 0.1% 0.7% 4.9% 94.4%
60代 0.1% 0.8% 6.2% 92.9%

ヒロミ　マヤ

「そうなんだー、私、最初に『レズビアンの人に会ったの初めて』って言っちゃったけど、気づかないうちに会ってたんだなー、きっと」

「そうね、『同性愛者には会ったことがない』と思っている方もいるでしょうけど、それは『同性愛者だと名乗る人』に会っていないだけなのね。ただ、この数字はあくまで、『その調査において自分は同性愛者だと答えた人』の割合であって、絶対的なものではないわ。アンケートで『自分は同性愛者です』と答えることに抵抗がある人もいるでしょう。今はそうでなくても、これから同性との恋愛を経験する人だっているはずだわ。同性愛とか異性愛に限らず、きっちりとは分けられないものを無理矢理分けてみた結果がこの数値、ということです」

はるか　マヤ

「見た目じゃわからないこともあるけれど、セクシュアルマイノリティはちゃんといる……ってことですか？」

「ええ、いるのよ。今も昔も、日本でも海外でも、どんな人の知り合いにも、ね」

まきむぅからの手紙2

「普通で正常な人間」って誰のこと？

「外見が男で、恋愛対象が女である男」と「外見が女で、恋愛対象が男である女」

このふたつに当てはまらない人は〝少数派〟かもしれませんが、けっして〝少数〟ではありません。「ちょっと『みんな』と違うかも」という考えを抱えたまま、「みんなと同じ」ような「男」と「女」のふりをして生きている人が、実はたくさんいるのです。

世の中には、「同性愛は治るものだ」とか、「色んな性のあり方を認めるんじゃなくって治していくべきだ」とか、「どうして性同一性障害の人の体を手術することばかりして、心を治すことを考えないんだ」という方々がいらっしゃいます。性のあり方には「正常/異常」があって、「異常」なものは治すべきだ、と考えている方々ですね。

わたし自身が、かつてはその一人でした。自分の同性愛は「異常」な性癖《せいへき》であり、自分にはそれを治す責任があるのだ、そして「普通」の「正常」な人間にならなければいけない、と思い込んでいたんです。

その頃のわたしは、「みんなと同じ」＝「普通」＝「正常」であると、頭から信じていました。「普通で正常」でありたくて、たくさんの努力を重ね、空しい結果に苦しみました。あなたが同性愛者だろうがそうでなかろうが、こんなに苦しくて意味のないことを、あなたには繰り返してほしくありません。特に性にまつわる自己否定は、したくもない言葉遣いや服装、望まないセックスにつながるからです。

十歳の時、はじめて女の子に恋をし、それを「悪いこと」として押し殺してからというもの、わたしは強烈《きょうれつ》な自己否定と孤独感の中で生きることになりました。

みんな「好きな男子」の話をしている。占《うらな》いにも「恋愛運アップ！　好みの異性との出会いがあるかも!?」なんて書いてある。あげくのはてには学校の先生までこんなことを言う。「みなさんは、これから思春期《ししゅんき》に入り、異性のことを意識するようになってきます」……。

そうか、それなら異性と付き合わなきゃ！　と、高校に入学してすぐ男性とお付き合いをはじめました。よかった、わたしは普通で正常だ。そう思うと同時に、女としてのわたしに対して飛び込んでくる、こんな言葉がどこか胸を刺していました。

「好きな男性のタイプは？」

「結婚するなら、こんな男は要注意！」

「セックスの時はペニスにコンドームをつけましょうね」

「彼の気持ちをつかむ、勝負レシピ☆」

「男と女の、真実の愛の物語……」

どこを見ても「男と女」が当たり前で、「女と女」についてのことはエロい話か笑いの対象としてしか語られない。家族も友達も先生も、テレビも映画も本も雑誌《ざっし》もラブソングも、みんな「女は男が好きで当たり前」といっているようでした。

思春期に異性に惹《ひ》かれるようになることを、学校の先生は「正常な発達」と言いました。ならば、わたしは異常なのか。おかしいのか。でもこんなことを誰かに相談したら、噂《うわさ》が広まるかもしれない。みんながわたしを異常者扱いして、わたしは異常者たちの世界に押し込められてしまうのかもしれない。いやだ。恐い。わたしは異常なんかじゃない。ほら、こうして男の人と付き合えている。ちゃんとセックスだってできる。女の子を好きになっただなんて、あれはなにかの間違いだったんだ。男の体に興奮しないのは、わたしがダメな女だからだ。もっと努力しよう。ちゃんとした女になろう。わたしは異常なんかじゃない。まだちょっと、男の人と楽しむ方法を知らないだけなんだ……。

わたしは、恐くて、消したくて、仕方がありませんでした。女性を好きになった経験のある自分を。男性とのセックスの間も女性の体を思い浮かべてしまう自分を。自分自身が恐くて恐くて仕方がない、そんな気持ちを、「今はちょっとおかしいだけだ、努力すれば治るのだ」と抑《おさ》え込んでいました。

一部ですけれど、わたしがレズビアンを治す努力のつもりでしたことを、書ける範囲で紹介します。わたしの親や元カレがこれを読まないことを祈りますが、もし読まれた時のためにも、わたし本人は超真面目にやっていたんだということを付け加えておきます。

1 相性の問題かもしれないと、色んなタイプの男性とお付き合いしてみる。結果、自分がひどいビッチに思えて気持ち悪くなる。

2 レズビアンになりたいだなんて、人と違う自分でいたいだけだ、自分は格好つけで女の子を好きになったいわゆるファッションレズだ！　と思い込もうとする。

3 オトナのおもちゃ好きな彼氏がくれたシリコン製の男性器（なんか「ブラック・アラブ・デラックス」とかそういう名前だった）を前に、一人で「やだ……素敵《すてき》……興奮するわぁ……」と「男性器に興奮する訓練」をしてみる。ちなみに素の自分では無理だったので、自分にとってのイイ女の象徴《しょうちょう》だった杉本彩《すぎもとあや》になりきりながらやる。結果いつの間にかブラック・アラブ・デラックスから興味を失い、「いかに杉本彩になりきるか」の訓練と化《か》す。

4

高校の先輩が家庭裁判所で女性名から男性名に変え、男性ホルモン注射《ちゅうしゃ》を打つためにバイトでお金を貯《た》め、男性らしい身なりで堂々《どうどう》と彼女を連れている姿を見て「わたしも性同一性障害かも！　わたしも男になれば女にモテるかも！」と思う。超わくわくしながら男装して男言葉を使い始めたけど、全くモテない。

5

親に隠してカウンセリングに通う。けれど、自分を同性愛者だと認めていなかったため、「なんか苦しいんだけど、性同一性障害？　とも違うっぽいし？　でも『彼氏に女装させたくなっちゃうんです〜』とか言えないし？　っていうかカウンセラーさん（女性）可愛くね？　適当に悩み事っぽいことを話して『解決しましたぁ！』って言ったら彼女の笑顔が見れるかも！　よーしやってみよう！」などと、いちいち架空《かくう》の悩み事を相談してしまって本当のことが言えない状態に陥《おちい》ってしまい、しかもそのことに自分で気づけなかった。たぶん可愛いカウンセラーさんの笑顔でほわーんとしてたせい。

ダメすぎますね。まぁカウンセラーさんが可愛かったのは幸せでしたけど。こういうダメな日々を十二年間も繰り返して、やっとのことで「自分は女が好きな女だ」と認めることができました。そして、あるテレビ番組への出演時に「わたしはレズビアンです。今度女性と結婚します」と言ったことがきっかけで、タレント・レズビアンライフサポーターとしての道が開けました。自己否定をやめ、ありのままの自分で仕事をする日々が始まったのでした。

こっちが心を開けば、相手も心を開くもの。カミングアウトどころか開けっぴろげ状態で生活してみると、自分が隠していたころには相手も隠していた、人々の本音を見せてもらえるようになりました。それは「実は僕もゲイです」「私もレズビアンです」という告白であったり、「ぶっちゃけレズきもい。差別したくないのに苦しい」「自分は性同一性障害の家族に『親に謝れ』と言って傷つけた。罪悪感で苦しい」という告白であったり、また性に限らないことまで、多種多様な告白を受けました。

自分だけがおかしいのだ、と思っていたわたしは、同じように感じていた人が実は周りにたくさんいた、と知って驚きました。それぞれが「言えないけど話したいこと」を、それぞれの痛みを隠していました。「普通で正常」に違いないと決めつけていた人たちも、「自分は普通でも正常でもないかもしれない」という想いをどこかで抱えていました。わたしの思い描いていた「普通で正常な人間」なんて、どこにもいなかったのです。

かつてのわたしは、うらやましくて仕方ありませんでした。「普通で正常」に見える、男を愛せる女が、女を愛せる男が。けれど、「女を愛せる男」に見えていたある人が、こんなことを言ったのが胸に強く残っています。

「自分の体は男で、恋愛対象は女だ。自分は女言葉を使うわけでもないし、女の体になりたいわけでも、女の服を着るわけでもない。けれど、自分はレズビアンじゃないかと思う。恋人といるときに、自分たちを女同士だと想像すると、すごくやさしい気分になって、胸がときめく。相手にうまく言えないし、自分でもなぜなのか理由がわからない。けれど、自分を異性愛者だと思うより、レズビアンの男だと思う方がしっくりくるんだ」

彼のような「レズビアンの男」もいれば、サユキのような「男性器のついた女」もいます。わたしのような「女が好きで、見た目も心も体も女」の人もいれば、例えば「見た目は男だけど男でも女でもない」人もいます。見た目で男／女に見えても、本当に色々なんです。

たとえ相手が見た目通りに「男を愛する女」「女を愛する男」つまり異性愛者であったとしても、そうある理由はそれぞれです。

「異性と付き合うのが普通だと思うから」

「異性の体に興奮するから」

「セックスを通して子どもがほしいから」

「経験として異性しか好きになったことがないけど、将来はわからない」

「実は男も女もそうでない人も性別に関係なく好きになれると思うけど、今は異性であるこの人を愛している」

「今のところ異性にしか恋したことがないから、たぶん異性愛者じゃないかと思ってる」

「異性に恋したことはないけど、好きになるアイドルや漫画キャラは異性ばかりだから」

「なんとなく、同性愛者ではないと思うから異性愛者かなぁ」

……同じ異性愛者というカテゴリにおいてすらも、なぜ自分を異性愛者だと思っているのか？　という理由はそれぞれです。

マヤ先生が説明していたように、「性的少数者とされる人たち」の中にも、いくらでも多様性が存在します。近年になって、「多様化する社会」というような表現が多く使われるようになりましたが、本来、「多様でなかった社会」というものは存在しないのです。存在していたのは、わたしのように自分から仮面《かめん》をつけていた人、あるいは「女は結婚して跡継ぎを産め」というように仮面をつけられた人たちです。

「普通」と口に出していう時、わたしたちの頭にあるのは「大多数と同じ」もしくは「自分と同じ」くらいの意味しかありません。「正常」の定義だって医学の発達でいくらでも変わってきたのに、どうしてある一点にこだわりつづけなければならないのでしょう。そのこだわりで、誰のことが理解できるでしょうか。

「自分は普通で正常」の仮面を外し、自分を演じることをやめて心を開いたとき、相手の方も心を開いてくれたという経験をわたしはたくさんしました。「みんなは普通で正常」の思い込みをやめて、みんながそれぞれ色んな痛みや秘密を抱えて生きているんだなあと感じた時、世界がとても愛おしく見えはじめたということを、わたしは今でも忘れません。

「男と女」しかない世界はわかりやすかったけれど、ほんとうに安らげる世界ではありませんでした。「普通で正常な人間たち」は、自己否定から生まれる幻想でした。治すべきだったのは、同性愛ではなく、自分や他人に「普通で正常」を押し付けるその思い込みだったのです。

俺、学生時代に元カノをサークルの先輩に奪われたことあるんだよね
ハーッバッバ
ホーッホッホ
先輩
元カノ
ハハ…
ぶっ……
ふーん
かわいそう……
サークルのイベントで二人が同じ部署になって、それで親しくなったみたいでさ
あー、あるある、あるよねー
うんうん
周りには男と女が一緒にいたら惹かれ合うのが自然なんだから仕方ないって慰《なぐさ》められたんだけど、
どよーん
マヤ先生の話聞いてたら、必ずしもそうじゃないんじゃ、って思えて……また落ち込んできた
暗い男だなー
何年前の話だよ

えー、でもやっぱりそれはそれで自然なんじゃないの？
割合的には異性愛者の方が多いんだからさ。
私にも覚えがあるよ、元気出して！
奪われた方？奪った方？
それはどっちもないわよ
あ、あの
男の人と女の人が一緒にいたら惹かれ合うのって……
そ、そ、そんなに自然なことなんでしょうか
……

う〜ん、まあ世間的に多いのは男女カップルだし……
じゃ、女と女がいて、惹かれ合うのは自然じゃないのかね
う〜ん、動物の世界だって雄雌でくっついてるし……
男…女…男女…？
俺の元カノが近藤先輩に取られたのは自然な流れだったのかなあ？
知るかーっ！先生！
自然ってなんですかー!?
男女の恋愛だけが自然かどうか
良い質問ね！

3章

「男と女は自然に惹かれあう」は本当？

動物の世界の同性愛

マヤ

「ちょっと意地《いじ》悪《わる》な言い方になってしまうけれど、『男と女は自然に惹かれあう』という考え方は、それがあたり前だと思っている人にとっての『自然』でしかないのよ」

ヒロミ

「ええ……どういうことー？」

マヤ

「先生は女性ですが、今の彼女と『自然』に惹かれあってお付き合いしています。彼女に対して『自然』に湧《わ》いてくるこの愛おしさを、同性だからといって押さえつける方が、先生にとってはよほど『不自然』なの」

ヒロミ

「あ、そっか、別に先生、無理してその人のこと好きなわけじゃないもんね？

なるほど！」

「でも同性愛って、人間にしかないものなんじゃないでしょうか……？　自然界の動物たちは、オスとメスでしかつがいになりませんよね？」

「それが、そうでもないのよ。米国の生物学者ブルース・ベージミル氏によれば、実に四五〇種ほどの動物において同性愛的行動が記録されているといいます。サルやオランウータンのような人間に近い種だけでなく、カモやカモメなどの鳥類、イヌやネコやイルカなどの哺乳類《ほにゅうるい》、カメやトカゲのような爬虫類《はちゅうるい》、カエルのような両生類《りょうせいるい》、トンボやハエのような昆虫《こんちゅう》たちにまで、同性に求愛したり交尾《こうび》したりする姿が観察されているのよ。彼らの結びつきを、人間の恋愛関係とまったく同じものとして扱えるかどうかはまた別の議論だけれど。ひとまず、**オス同士・メス同士での性行動は、自然界にもありふれている**といっていいでしょう」

「自然界にも、同性愛ってあるんですね……知りませんでした」

「それでは、ここで具体例をふたつお話ししようかしら。まず、ペンギンの同性

マヤ　ヒロミ

カップルのお話。ニューヨークにあるセントラルパーク動物園では、オス同士でカップルになったペンギンが観察されました。ロイとシロという名前よ。二羽は他のカップルから卵を盗《ぬす》もうとしたり、卵に似た形の石を拾ってきて温めたりしていたの。そこで飼《し》育員《いくいん》さんが他のカップルに捨てられた卵を二羽の巣《す》に入れてみると、ロイとシロは交代で卵を温めるようになりました。やがて、無事に赤ちゃんペンギンのタンゴちゃんが誕生しました。このお話は『タンタンタンゴはパパふたり』という絵本にもなっています」

「へー、ゲイペンギンの絵本かあ」

「そしてこのエピソードは、賛否《さんぴ》両論《りょうろん》の大きな議論を巻き起こしました。例えば同性愛者の権利を訴える人は、シロがやがてロイと別れてメスペンギンとつがいを作ったことにふれないまま、この話を美談に仕立て上げようとしたの。逆に、同性愛を異常なものとして扱いたい人は、赤ちゃんペンギンのタンゴも成長して同性とつがいを作ったことを指摘して『同性愛者の子どもは同性愛者になる、同性カップルの子育ては子どもに有害だ』と主張しました。人がいかに『自然』から都合のよいところだけ切り取って、自分の主張に使ってしまっているかということのいい例ね」

「そういうの、人間相手でもよくあるよね」

「それから、トカゲのお話。メキシコに生息《せいそく》するムチオトカゲは、メスしかいないの。それでもどうして絶滅しないかというと、メス一匹だけで、卵を産んでかえすことができるからよ。だから、本当は交尾すら必要ありません。なのにメス同士で交尾している姿が見られるので、ムチオトカゲのことを別名『レズビアンリザード』と呼んだりします」

「れ、レズビアンリザード……」

「なんか強そう！」

「メスしかいない動物もいれば、オス同士やメス同士でつがいを作る動物もいる。オスにもメスにもなれる雌雄《しゆう》同体の生物、オスでもメスでもない性別がある生物など、自然界の性も多種多様なのよ」

はるか

「人間も含めて、ですか？」

マヤ

「もちろんそうよ。『自然』という言葉は色んな意味を含んでいるけれども、〝言葉〟でしかない以上、人間の都合のいいように使われてきたのは当然のことね。例えば中世ヨーロッパにおいて同性愛は、『自然に反する罪』として処罰《しょばつ》されてきました。ところが科学が発達し、自然界にも同性愛的行動が見られることが分かると、今度は『同性愛だなんて動物的だ』という批判がもちあがったのよ」

サユキ

「人間だって動物なんだから、男と女でくっつくのだって動物的行為なのにな」

マヤ

「そうね。だけど、『動物と違って人間には知恵があるから、より高尚《こうしょう》な存在だ。その高尚な存在の、種の保存に貢献《こうけん》しない同性愛は下等な行為だ。同性愛なんてなくすべきだ』という考え方の人たちがいたのよ」

はるか

「自然って、なんでしょう……よくわからなくなってきました」

マヤ

「同性愛が自然に反しているという人がいたら、それは、その人にとっての『自然』に反しているのだと言い換えたほうがいいでしょう。ただ、この二つだけは確実に言えます。ひとつは、自然界にも同性愛的行動が存在しているということ。もうひとつは、私が彼女を愛する気持ちもごく自然なものだということよ」

ヒロミ

「先生かっこいい！」

「男と女」だけではない世界

サユキ

「世の中には『男とカップルになる女』と『女とカップルになる男』しかいない……みたいな見方って、ほんと、迷惑なんだよね。自分みたいな体の女もいるし、『自分を男でも女でもないと考えているXジェンダー』だっている。それを『結局お前は男だ』とか『結局お前は女だ』とか、『女なら男の良さに目覚めるはずだ』とかさ。本当に大きなお世話だと思う。でも、そんな風にして世界はずっと続いてきたんだよな」

マヤ

「実は『男とカップルになる女』と『女とカップルになる男』しかいない、という考え方は、古今東西《ここんとうざい》の常識だった、というわけではないのよ」

サユキ

「……そうなの？」

マヤ

「ええ、性の価値観というものは、時代や地域によって本当に様々でした。『男／女』以外の分類を持つ社会の例を、いくつか見てみましょう」

「男／女」以外の分類

男／女／ヒジュラ

〈時代〉推定《すいてい》三世紀ごろ〜現代

〈地域〉インド、パキスタン、バングラデシュ他《ほか》南アジア地域

〈概要〉現代日本で言う男性とされる肉体を持って生まれたが、自らの選択で女性の衣装を着て、女性らしく振る舞う人をヒジュラという。男性とも女性とも区別される。去勢《きょせい》することも。

男／女／はにわり、ふたなり

〈時代〉推定九世紀ごろ～二十世紀前半

〈地域〉日　本

〈概要〉一か月の半分を男性、半分を女性として過ごすものを特に「はにわり」と呼び、男性器と女性器の両方を兼ね備えたものを特に「ふたなり」と呼んだ。明治維《めいじい》新《しん》により「性別は男と女のふたつである」という考え方が広まると、これらは無いものとされた。

男／女／第三の性、第四の性（トゥースピリット）

〈時代〉古代～現代

〈地域〉**アメリカ大陸**（先住民族）

〈概要〉部族によって名称や区分は異なるが、現代日本で言う性別越境者を「男性でも女性でもない性」として扱っていた。例えばＭｔＦを第三の性、ＦｔＭを第四の性として扱うなどしており、男女両性の魂《たましい》を持った神聖《しんせい》な存在とされていた。

西洋諸国の侵略《しんりゃく》により迫害《はくがい》され、人類学者によってベルダーシュ（売春《ばいしゅん》する男性）という名前をつけられた。現在は当事者らがその名称を拒否し、トゥースピリット（二つの魂）と名乗っている。

男／女／第三の性

〈時代〉十七世紀～二十世紀後半
〈地域〉ヨーロッパ諸国
〈概要〉現代日本で言う男性同性愛者や、女性の権利と自由を訴えるために男性的に振る舞うフェミニストなどを「第三の性」として理解しようとした。社会制度上ではなく、考え方の上での試み。だが、男性同性愛者は自分を「第三の性ではなく男性」と、女性フェミニストは自分を「第三の性ではなく女性」と考える者が大半であったため、この考え方は廃れた。

男／女／X

〈時代〉二〇一一年～

〈地域〉**オーストラリア**

〈概要〉社会制度上の分類。パスポートに「男でも女でもない」を意味するXを記載できる。パスポート上の性別と見た目の性別が異なる場合、入国審査で拘束されるなどの不都合があった。このことを解消するための措置《そち》であり、医師の同意書を添《そ》えて申請《しんせい》することで選択できる。

男／女／カトゥーイ

〈時代〉十五世紀ごろ？～現代

〈地域〉**タイ**

〈概要〉男性とされて生まれ、女性の振る舞いや服装で生きる人々を「カトゥーイ」と呼ぶ。存在は認知されてきたものの、性産業以外に職業の選択肢が与えられないといった差別的な扱いを受けてきた。しかし、近年ではタイの航空会社P.C. Airがカトゥーイ専門の採用枠を設けるなど、徐々に状況が変化しつつある。

ヒロミ

「ひえ〜っ、何これ、全然知らない言葉ばっかり！」

アキラ

「日本にも、『男／女』以外の分け方があったんだな……大昔だけど」

マヤ

「現代日本で主流となっているのは、『人間の性別は男と女の二つに分けられる』という性別二元論と、『男と女ひとりずつのカップルこそが正常であり在るべき姿だ』という異性愛規範および一夫《いっぷ》一婦《いっぷ》制ね。けれども、この『男と女ひとりずつ』というあり方は人間社会において、必ずしも絶対的なものではないというわけ。今まで挙げた例のように、男・女以外の性別を社会的に認めていることもあります。また同性結婚を認める国々のように、男・女以外の組み合わせを社会的に認めていることもあります。それから、二〇一二年にブラジルで認められた三人婚や、イスラム教圏における一夫多妻制、ヒマラヤなどの一妻多夫制のように、三人以上が肉体関係を含む繋がりを続けることが社会的に認められている例もあるのよ」

アキラ

「『男と女』だけじゃない社会か……」

同性愛を治す方法

はるか

「あの……例えば……例えばですけど、自分の中の同性愛がイヤで、『男と女』のカップルになりたくて、同性愛を治したい人も、いるんじゃないでしょうか。そういう人は、どうすればいいんですか？」

サユキ

「治したい、ねえ。同性愛は病気じゃないし、世界保健機関によって『いかなる意味でも治療対象にならない』って宣言されてるんだけど」

はるか

「あ！　あのっ！　すみません、その、病気扱いしたかったというわけでは……」

マヤ

「大丈夫よ、言いたいことはわかるわ。それに、同性愛が病気扱いされなくなった現代でも、『同性愛を治したい』という方はいらっしゃいます。そういう方がどういう〝治療〟を受けてきたか、その結果がどうだったか、紹介するわね」

脳外科手術《のうげかしゅじゅつ》

〈時代〉二十世紀
〈地域〉**アメリカ**
〈概要〉脳の中の前頭葉《ぜんとうよう》という部分にある神経を切ることで、同性愛を抑えるという手術。ただしこの手術の結果は同性愛に限らず、性的欲望や恋愛感情、ひどい場合には感情それ自体までも壊してしまうものだった。

フェードアウト療法

〈時代〉二十世紀ごろ
〈地域〉**欧米諸国中心**
〈概要〉男性同性愛者に男性のヌード写真を見せて性的に興奮させ、ペニスが勃起《ぼっき》しているうちに徐々に女性のヌード写真にすり替える、というもの。

電気ショックによる嫌《けん》悪《お》療法

〈時代〉二十世紀
〈地域〉**欧米諸国中心**
〈概要〉男性同性愛者に対し、男性のヌード写真を見せると同時に強い電気ショックを与えることを繰り返すことで、男性のヌードと嫌悪感を結びつけようとするもの。通常、治療目的で人間に用《もち》いられる電気ショックより、かなり強いものが用いられたという。

サイクリング療法

〈時代〉十九世紀
〈地域〉**アメリカ**
〈概要〉神経病学者グレアム・ハモンドによって提唱《ていしょう》された方法。同性愛者に長い時間サイクリングをさせれば同性愛が治る、というもの。

放《ほう》射《しゃ》線《せん》療法

〈時代〉二十世紀

〈地域〉**アメリカ**

〈概要〉同性愛の原因は胸腺《きょうせん》が活動しすぎることであるとし、X線《エックス》を当てて胸腺の活動を弱めることで治療可能だと主張したもの。

ゲイ矯《きょう》正《せい》ブートキャンプ

〈時代〉二十一世紀

〈地域〉**アメリカ、マレーシア**ほか

〈概要〉ゲイの青少年を集めて自然の中でキャンプさせ、聖書《せいしょ》を読ませたり、宗教的な説教《せっきょう》を聞かせたり、同性愛者による性暴力を受けた被害者の体験談を聞かせたりすることで、同性愛に対する罪の意識を持たせて治療しようとした。

乗馬療法

〈時代〉二十一世紀

〈地域〉**アメリカ**

〈概要〉二〇一三年、バージニア州カウボーイ教会の牧師《ぼくし》によってなされた主張。男性同性愛の原因は、手本とする男性像がないことや、自分に自信がもてないことや、性暴力を受けた経験などであるとした。男らしく乗馬をすることでそれらの問題を解決し、男性同性愛者は女性を愛することができるようになる、と訴《うった》えたが、インターネット上で『馬のどの部分にまたがれば同性愛が治るって？』などと揶揄《やゆ》された。

プラチナ服《ふく》用《よう》療法

〈時代〉二十一世紀

〈地域〉**ドイツ**

〈概要〉ドイツのカトリック系医師連合によって二〇一一年に提唱された方法。砂糖《さとう》で作った錠剤《じょうざい》に、ごく微量のプラチナ（白金）を含ませたものを薬のように飲むことで同性愛が治ると主張した。

強制異性愛療法

〈時代〉十九世紀〜

〈地域〉**欧米諸国**

〈概要〉「異性の良さを知れば同性愛なんて治る」という考え方。男性同性愛者が治療目的で買春《かいしゅん》をして女性とセックスしたり、女性同性愛者が無理にでも男性と結婚したり、といったことが推奨《すいしょう》された。

去勢療法

〈時代〉十九世紀〜二十世紀

〈地域〉**欧米諸国**

〈概要〉同性愛者の性器を手術によって取り除く物理的去勢、ならびに同性愛者に性ホルモンを注射することで性機能を操作しようとする化学的去勢がなされた。ホルモン注射には二種類あり、一方は、例えば男性同性愛者に男性ホルモンを注射することで男らしく女を愛せるようにしようとするもの。もう一方は、男性同性愛者に女性ホルモンを注射することで男性としての機能を失わせ、性欲をなくさせようとするものであった。この治療法は、「同性愛は遺伝《いでん》するものである」という考え方にも基づいていて、同性愛者を人工的に不妊《ふにん》にすることで同性愛の遺伝子自体を滅ぼせるとも信じられていた。

精神分析療法

〈時代〉十九世紀ごろ～二十世紀初頭

〈地域〉**欧米諸国を中心とした先進国**

〈概要〉精神分析により「同性愛の原因」を探し出し、それを解決することで同性愛も治そうという方法。十九世紀当時の欧米諸国ではこのように、同性愛の理由を精神分析的視点から解明しようとする動きが盛り上がった。やがてジークムント・フロイトやクラフト＝エビングらが「同性愛は異常ではない」という結論に達したものの、その理由を親との関係性や脳の誤作動、また各種のコンプレックスなどといったことに求めたため、「同性愛はカウンセリングによってトラウマやコンプレックスを解消すれば治療可能である」という考え方を広めることになった。しばしば宗教的な説教とも組み合わされた。

女子力療法

〈時代〉二十世紀

〈地域〉**アメリカ**

〈概要〉アーサー・ガイ・マシュー医師によって一九五七年に提唱された方法。「男っぽいレズビアンは、女性らしい見た目を取り戻すことで治る」と主張した。具体的には、美容師にヘアスタイルを整えてもらうこと、化粧《けしょう》の方法を教えてもらうこと、ゲイではないファッションスタイリストに服を選んでもらうことなどで女性同性愛は治る、という。

（出典：SPIEGEL ONLINE INTERNATIONAL 他、項目名は筆者による）

「女子力療法……」

「ブートキャンプ……」

「…………」

サユキ

「バカなの？」

マヤ

「バカらしく思えるかもしれないけれど、どうかバカにしないでちょうだい。心から同性愛を治そうとした人たちや、同性愛を治してあげることこそが子どものためだと考えた親御《おやご》さんたちもいらしたのよ」

サユキ

「で、効果は？」

マヤ

「……ほとんどなかったみたいね」

ヒロミ

「うわー」

マヤ

「例えば、『女を抱けばゲイは治る』という強制異性愛療法について、ある性科学者はこう述べています。『でも男性を抱くとまたゲイに戻る』」

アキラ

「治ってないじゃん!?」

マヤ

「そうなの。治らないどころか、精神疾患などにつながる例が多いわ。カウンセリングによって同性愛を治療しようとすることは自己否定につながるため、自殺率が上がるということも指摘されています。同性愛は治療できるものだと主張し続けていたアメリカのロバート・スピッツァー医師は、二〇一二年に『同性愛は病気ではないので治療を必要としません。苦しい思いをさせた方々に謝罪します』という声明を出しているし、キリスト教系同性愛治療団体のエクソダス・インターナショナルも二〇一三年に活動を停止して謝罪しているのよ」

アキラ

「うーん、**自分の身に置き換えて考えればわかるよ。俺が今、『異性愛を治療しろ！男同士で恋愛しろ！』なんて言われて周りからどつき回されたら病んじゃうと思う。**それと同じことを同性愛者に対してしてきたわけだから、うまくいくわけがないな」

はるか

「それでは……同性愛を治す方法はない、ということなんでしょうか……？」

サユキ

「ていうか、治す必要がないってことだよ」

マヤ

「そうね。同性愛を治す方法はないし、治す必要もないのよ。そもそも同性愛は病気じゃないんだから。だけど、『自分が同性愛者であることが辛い』という苦痛を和らげる方法なら、先生、ふたつ知ってるわ。最後に紹介しましょうね」

同性愛者であることの苦痛を和らげる方法

1 ノートに書き出して自己分析をする。

「なぜ、同性愛者であることが嫌なのか」ということを考えて、ひたすら書き出す。家族が悲しむかもしれないから、気持ち悪いから、愛する人とのセックスで子どもを授かることができないから、日本では同性結婚できないから、同性の友達に気持ち悪がられるかもしれないから、自分の信じている宗教で禁止されているから……など、思いつく限り。

途中で苦しくなったらいったん止めて、背筋《せすじ》を伸ばし、目を閉じて落ち着くまで深呼吸をする。気持ちが落ち着いたら、書き出したものを見返す。そして、同性愛者であることそれ自体ではなく、書き出したものひとつひとつに対してどういう解決方法を取れるか考えてみる。あくまで、同性愛者であることそれ自体ではなく、同性愛者であることが嫌だと思う理由に対しての解決方法を探すように心がけてみましょう。

続いて、「なぜ同性に惹かれるのか、自分の思う同性の魅力」を考えて書き出す。例えば対象が女性だったら、服装がかわいいとか、ほっぺたがやわらかそうとか、声がきれいとか、自分が「いいな」と思うポイントをとにかく書く。特定の好きな人がいる場合は、例えばピアノが上手《うま》いとか、口元のほくろがかわいいとか、その人自身の魅力についても書いてみる。多少性的な内容が含まれるかもしれないけれど、性欲があることは異常ではないし、誰かに見せるために書いているものでもないので、嫌悪感や罪悪感を持つ必要はありません。素直に書くことよ。その上で、「これらの魅力は本当に同性でないと無いものなのか」「これらの魅力を素直に楽しんだほうが、同性愛に対する嫌悪感を持ち続けるよりも幸せなことではないだろうか」などといった視点で考え直してみるの。

紙のノートに書くと後に残るから怖い、という人には、携帯電話やスマートフォンのアプリケーションをおすすめするわ。今はロックがかけられるものも多いし、ボタン一つで消すこともできます。プライベート設定がしっかりしているメモ帳アプリとしては、「Ms FolderNote Free」「メモ帳 with パスワード」「All-in メモ Lite」などがあるわよ。パスワードを設定して、安心して使えるように工夫してみてね。

2 同性を愛するけれども、「同性愛者」「ゲイ」「レズビアン」「ホモ」「レズ」といった名乗りを受け入れない。ただ自分のことを「同性を愛する自分」だと思うことにする。

そもそも「同性愛」と「同性愛者」は別々の考え方であるといえます。「同性愛が恋愛のかたちの一つだとするならば、それを捨てることもできるはずだ」という考え方に対抗するために、「私たちは同性愛だけを行う同性愛者という人間たちだ」と宣言する必要が出てきました。そのために考え出されたのが「同性愛者」という枠組みであり、その反対側に置かれたのが「異性愛者」という枠組みです。

実際には、異性愛者が一生異性しか愛さないという保証も、同性愛者が一生同性しか愛さないという保証もどこにもありません。「同性愛者」という考え方は、同性を愛する人達の存在を世の中に訴えるための道具であり、同性を愛する人たち同士で仲間意識を持つための道具であるにすぎないの。同じように、異性愛者、両性愛者、無性愛者などといったどんな分類も、人間のある時点でのあり方を世の中に見えるようにして、近いもの同士で集まり仲間意識を持つための道具にすぎませんね。

そう考えると、「今は同性愛というあり方をしているけれども、自分は同性愛者ではない」「自分は彼女が大好きなひとりの女であって、レズビアンではない」「自分は男に惹かれる男であって、ゲイではない」という風に切り離して考えることもできるようになります。

他人にどう言われようが、「あなたが私を同性愛者だと言うならそうなんでしょう、あなたにとってだけね」という態度で受け取る。自分はあくまで自分自身だ、という感覚を忘れないこと。自分は他人に同性愛者として分類されるかもしれないけれど、自分で自分を同性愛者だと名乗ることはしない。これも一つの方法です。

マヤ

「以上、ふたつの方法を紹介しました。『辛いからやめようとする』というのではなくて、『なぜ辛いのか』『どうしたら辛くなくなるのか』を考えてみる、ということね。ちょっと視点を変えるだけで楽になることや、辛さの原因が実は思っていたのと別のところにあったと気づくってこと、よくあるのよ」

まきむぅからの手紙3

「真性レズビアン」、なんていないのよ

さて、3章では、「男/女」以外の分類、また同性愛者だと分類された人がどのような〝治療〟を受けてきたのかというお話を紹介しました。

性に対するあり方の分類は、時代や文化によってほんとうに様々です。そして分類というのはとにかく、やってもやってもキリがないもので、現代でものすごーく細分化され続けています。そうした性に対するあり方の分類を指す言葉を「セクシュアリティ」といいます。

ここで、わたしが今思いつく限りのセクシュアリティ用語を挙げてみましょう。ちなみに説明文はあくまでわたし個人の定義であり、違う定義を持つ方ももちろんいらっしゃいます（このことはセクシュアリティ用語に限らず、どんな言葉でもそうですが）。

それでは、セクシュアリティ用語ざっくり一覧です。

セクシュアリティ用語一覧

同性愛（ホモセクシュアル）
同性を恋愛対象とする。

異性愛（ヘテロセクシュアル）
異性を恋愛対象とする。

ヘテロフレキシブル
基本的に異性を恋愛対象とするが、同性の魅力も理解するし、同性愛に抵抗はない。

ホモフレキシブル
基本的に同性を恋愛対象とするが、異性の魅力も理解するし、異性愛に抵抗はない。

両性愛（バイセクシュアル）

男／女の両方を恋愛対象とする。

汎《はん》性《せい》愛《あい》（パンセクシュアル）

男も女もどちらでもない人も、性別関係なく恋愛対象とする。

全性愛（オムニセクシュアル）

パンセクシュアルの別名。

バイキュリアス

自分をバイセクシュアルだとはまだ言い切れないが、そうかもしれないと思っている。

無性愛（アセクシュアル）

いかなる人に対しても恋愛感情および性的欲求を持たない。

非性愛（ノンセクシュアル）

人に対して恋愛感情は持つが、性的欲求は持たない。

複性愛（ポリセクシュアル）
性別の分類は「男／女」だけでないと考えた上で、複数の性別を恋愛対象と感じる。

半性愛（デミセクシュアル）
基本的に他者への性的欲求がなく、強い絆でつながった相手にだけ性的欲求を持つ。

対物性愛（オブジェクトゥムセクシュアル）
建築物など、一般的に生命体ではないとされるものを恋愛対象とする。

問《もん》性《せい》愛《あい》（クェスチョニング）
性に対するあり方をまだ決めていない、もしくは、あえて決めない。

ポモセクシュアル

ポストモダン、略してポモ。近代（モダン）以後（ポスト）、分類は無意味だとする立場。

……ということで、ぶわーっとあげてみました。今読んでくださっているあなたは、もしかしたら定義に異論を感じていらっしゃるかもしれません。また、「○○が載《の》ってないじゃん！」とお怒りの方もいらっしゃるかもしれません。すいません。けれど、それもそのはずだ、とわたしは思います。

「正しいセクシュアリティの分類」なんて、実は存在しません。

「レズビアンとは○○である」「FtMとは○○である」だなんて、とても一概に言えないのです。ただひとつ言えることがあるとすれば、「性に対するあり方は十人十《じゅうにんと》色《いろ》、一○○人一○○通りに違う」これだけです。

ピンとこないかもしれませんので、例をあげましょう。例えば、よくレズビアンは「女性同性愛者」と説明されますね。「女性」って誰ですか？　女性器がある人ですか？　子どもを産める人ですか？　女性っぽい声の人ですか？　戸籍に女性って書いてある人ですか？　女の格好をする人ですか？　自分を女性だと思っている人ですか？　あなたにとって女性だと思える人ですか？「女性同性愛者」が女性であると、あなたは何を基準に判断していますか？　そして「女性同性愛者」本人は、愛する相手が同性であるとどうやって判断しているのですか？

性に対するあり方の判断基準は、個人によって違います。そんな中で無理矢理、壁を作って区別しようとすれば、その壁の下で誰かを押しつぶしてしまうことにもなりかねないのです。

もう一つ、例をあげます。セクシュアリティを分類する際、「同性愛は性癖や性的嗜好でなく、性的指向だ」と言われることがありますね。つまり「同性愛とはどの性別の人に興奮するかの問題でなく、どの性別の人と恋愛するかの問題だ」とでも言えばいいでしょうか。

これも、わたしからすると間違っています。

「同性の体に興奮するけれど恋愛する気はない」、つまり性癖や性的嗜好としての同性愛の存在を、わたしは知っています。「性癖として同性が好きなだけだなんて、同性と生きていく気がないだなんて、そんなの正しい同性愛者じゃない！」という方がいるかもしれません。では、どうぞ、新しい名前を作ればいいでしょう。「ここからここまでが正しい〇〇」と、名前をつけて、あてはまらない人を切り落とす——そんなことを繰り返していくうちに、用語は無限に増殖《ぞうしょく》してしまいます。

それくらい人間の性に対するあり方は多様で、分ければキリがないことなのです。キリがないことがわかっていながら、それでも言葉はどんどん細分化しつづけます。そしてその原動力となっているのは、「自分に近い人と集まりたい」「人々を分類して理解した気になりたい」「他人とも古い概念とも違う新しい自分になりたい」という願いです。

そういう願いにおされてのことか、よくこういうご質問をいただきます。

「私はレズビアンでしょうか？」

自分の分類が知りたい、誰かに分類してもらいたい……そういう想いから来るご質問だと思います。わたしは基本的に、こうお答えすることにしています。

「それを決めるのはわたしでもお医者様でも誰でもなく、あなた自身ですよ」

そもそもセクシュアリティに正しい分類はなく、特に同性愛というのはもはや医学的な治療対象ともされていません。そんな中、レズビアンかどうか？　というのは究極《きゅうきょく》的に、レズビアンという名前を受け入れるかどうか？　という基準だけで判断されると言っていいでしょう。

そうして自分に「レズビアン」などといった名前をつけるとき、ひとつ立ち止まって考えてほしいことがあります。それは、「あなたをそう呼んでいるのは自分自身なのか、それとも他人なのか」ということ。

自分で選び取った名前は「アイデンティティ」となり、他人につけられた名前は「カテゴリ」となります。例えばあなたが「私はレズビアンだ」と言った時、違和感《いわかん》がないのなら、それはあなたのアイデンティティです。例えば他人に「あなたはレズビアンだ」と言われた時、違和感があるのなら、あなたはレズビアンというアイデンティティを持たないため、そのカテゴリに入れられることに抵抗があるということです。

女が女を愛する時、他人は彼女を「レズビアン」というカテゴリに入れます。でもそこに入れられたとしても、彼女は「レズビアン」というアイデンティティを持たされる必要はありません。

あなたが「レズビアン」と言われて違和感がないのなら、レズビアンというアイデンティティを持てばいいんです。あなたが「レズビアン」と言われて違和感があるのなら、たとえレズビアンというカテゴリに入れられたままであっても、あなた自身のアイデンティティを持てばいいんです。もしくは、わからないままだっていいんです。自分や他人がどう呼んでも、どう呼んでいいかわからなくても、あなたはもうここにいます。

あなたは、「自分はレズビアンなのだろうか」と悩む必要はありません。レズビアンである前に、女である前に、その他もろもろの国籍や年齢や宗教や人種などなどである前に、あなたはあなたです。あなたがあなたとして人を好きになった時、もし誰かがあなたを「レズビアン」というカテゴリに入れたとしたって、あなたは必ずしも「私はレズビアン」というアイデンティティを持つ必要はないのです。

最後に、わたし個人の経験をお話ししますね。

わたし個人も、あちこち色んなカテゴリに入れられます。お仕事の現場など、わたしがレズビアンであることがある種の売り込みポイントになるところでは「本物のレズビアンです！」「真性レズビアンです！」などと言ってご紹介いただくことがよくあります。けれどもそうでないところでは、逆に「男と付き合ったことがあるなら真性レズビアンじゃないってことだよね？」「結局ボーイッシュな女と結婚してるんだから、本物のレズビアンじゃないんだよ」などと言われたりします。

そういう声を、わたしは「うんうん、そっかそっかー、あなたにとってはそうなのね」とただひたすら聞いています。どういう風にカテゴライズされても、それはわたし個人のアイデンティティに関係ないと思っているからです。

わたしが思うわたし自身のあり方というのは、誰にどうカテゴライズされても関係なく、例えば次のようなことです。

可愛い女の子を見て、とにかく幸せな気分になること。

さわやかな汗やメンズの香水より、甘くやさしい女の子の匂いに惹かれること。

がっちりムキムキした身体より、ぷにぷにまぁるい身体を抱きしめたいと思うこと。

今まで「恋をしなきゃ」と感じながら恋愛していた相手は全員男性だったけれど、「恋に落ちちゃった」と感じた相手は全員女性だったということ。

さあ俺を触れ!! とでも言うようにピコンと勃ち上がってる男性器のことを、正直なんというか「ちんこくん☆」みたいな存在感の親しみやすい何かだとしか感じられず、それよりも恥丘《ちきゅう》に隠れて秘めやかに濡れる女性器のほうに、文字通り底知れぬエロスを感じるということ……。

他人からどう言われても、自分がこういう風に感じているということは変わりません。だから、他人にとってわたしがレズビアンだとカテゴライズされてもされなくても、どちらでもよいと思っています。

「正しいセクシュアリティの分類」なんて、存在しません。「真性レズビアン」「本物の女」などといったものも、それを言う人の頭の中にしか存在しません。セクシュアリティの分類というのはつまり、「こう分けられるのだ」という決まりではなく「こう分けると便利じゃないかなぁ」という提案なのです。

4章

正直さー、恋とか愛とかの『こうあるべき』って話、
女の方が多くて不便だと思うの
何、いきなり
ぐっ
私の地元、皆すっごく結婚が早いんだ。
うちの親なんかも単純だから結婚はまだかってうるさくって！
へ。元気ですか。お隣のチエちゃんが6月に挙式だそうです。うちもそろそろ…なんて考えてしまう親心(^＿^;)。いい人いないのかなー、ってお父さんとも話してます。サンマが美味しい季
うふふ、お母様のメール、かわいいわ
出産も厄介な問題だよね。やれ三十五歳までに産めとか、新卒採用の段階で子ども産む気かどうか聞かれたりさ
もはや人生設計の話だよね……その辺になると俺はなんとも
何言ってんの、あんただって無関係じゃないよ

まだ24なのに設計なんてやってらんなーい
ぐるぐる
……

人生…

設計……

私、16歳で、皆さんよりずっと、年下ですけど……

でも……将来のこと、すごく不安で……どうしようもないです……

ポロ…

!!?

はるかちゃん!?

どうしたの?

まだ16歳でしょ?まだ何も考えなくていいよ!友達と遊びまくって、適当に恋して、適当においしいもの食べてれば……!

恋……

いや、こういう能天気な人ばっかじゃないよね
ど〜いう意味よ
将来の夢が見つからないとか? あ、無理して言えってことじゃなくて
……無理、じゃ、ないです……
今なら……言えるから……
……マヤ先生
教えてください……
ぐっ
……女の子が好きな私に、
好きな人と『結婚』する未来はあり得るんでしょうか?

4章 レズビアンって、結婚できるの？

「結婚」しない／できないと、何が困るの？

マヤ

「よく話してくれたわね、はるかちゃん。今の質問には、しっかりと答えていきたいわ」

はるか

「ありがとうございます……でも、ごめんなさい、やっぱり男女の結婚のお話をしてください。私のわがままで、変な話をしていただくわけには、いかないです」

サユキ

「わがままって、何のこと？」

はるか

「はい、私が、その……いつか好きな女の人と結婚したい、って思ってることです」

サユキ　はるか

ヒロミ　サユキ

「それがなんでわがままなわけ？」
「だって、同性と結婚するなんて、自分のためでしかないですよね。私が女の人と結婚したいなんて言ったら、母も父もきっとすごく悲しみます。男の人と結婚しないと子どもも産まれないから、社会にも迷惑をかけますし……。それに……私は幼稚園《ようちえん》の先生になりたいんですけど、自分の子どもをレズビアンの女性が預かってるって知ったら、女の子の親御さんに心配をかけてしまうかも。私がいくら、好きになった女の人だけを愛していて、仕事をちゃんとしていても、苦情《くじょう》があったり変な噂が広まったりしたら、親御さんだけじゃなくて幼稚園にまで迷惑がかかります。職場にも、家族にも、社会にも迷惑をかけるから、ダメだと思うんです、女の人どうしで結婚するなんて」
「ふーん。いいと思うけどね、自分の幸せ追いかけて生きたって。っていうか結局、好きだって嘘ついて男と結婚するのも自分のためでしょ」
「サユキさん！　そんな言い方しなくてもいいじゃん！」

アキラ

「ちょ、ちょっと落ち着こうよ。大丈夫だよはるかちゃん、色々あるじゃん、ほら、結婚式だけして事実婚生活するとかさ」

はるか

「事実婚？」

サユキ

「籍は入れてないけど、本人たちに夫婦だって認識があるカップルのことだよ」

はるか

「……」

アキラ

「あー、あんまりピンとこないかな……」

はるか

「……わかりません……私、ただなんとなく昔から、ウエディングドレスとか、皆からおめでとうって言われる結婚式とか、新しい家で好きな人の赤ちゃんを育てるとか……そういうことに憧《あこが》れがあって。だけど自分はできないんだろうな、ってことばかり気になっていたんです。私、形式にこだわりすぎていますか？」

ヒロミ

「そんなことない、超わかるよそういう憧れ。そういうことに興味ない人もいるし、憧れる人もいるよ。私だって子どもの時は、好きな人のお嫁《よめ》さんになるのが夢だったもん！」

マヤ

「愛する人と結婚しない／できないことで生ずるデメリットは、ヒロミさんにもはるかちゃんにも、誰にでも関わりのあることね。少し長いけど、リスト化してみましょうか」

結婚せずに好きな人と生活すると困ること

1 医療の現場で他人扱いされる。

例えば愛する人が事故に遭って、救急治療室に入ったとするわね。そうすると法律上の家族以外は基本的に面会拒否となり、親族の許可が無いと会えません。また、本人の意識がない場合に、どういう治療をするかという決定権も法律上の家族が優先されます。だから、愛する人の命の危機に立ち会うこともできず、ただの他人として何もできないままだった……ということも起こり得ます。

2 住宅事情の上で不利益を被る。

「結婚していない他人同士の同居」は、若いうちならルームシェアとして認められるけれど、年齢を重ねるごとに難しくなりがちなのが現状です。また配偶者控除《こうじょ》といって、結婚して二十年以上経つ相手に住居やその購入資金を与えた場合、贈与税《ぞうよぜい》が最大二〇〇〇万円控除される制度もあるんだけど、これももちろん結婚していないと使えない制度です。

3 基本的に遺産《いさん》の相続が認められない。

結婚していないカップルのうち、一人だけが賃貸物件の名義人になっていると、その名義人が亡くなってしまった時、残された方は退去を命じられる可能性が高いです。

また、遺産についての遺言がなかった、もしくは遺言の有効性が裁判で認められなかった場合、遺産を相続することができません。ふたりで築《きず》いた財産だったとしても、法律上では他人扱いだから、共有のものとは認められません。

4 外国籍のパートナーに在留《ざいりゅう》資格が下りず、引き離される可能性がある。

外国籍のパートナーと一緒に日本で暮らしたい場合、相手が何らかの形で日本への在留資格を取得しないといけません。結婚したカップルであれば、「日本人の配偶者等」という枠での在留資格（通称「結婚ビザ」）を申請することができますが、これは事実婚では認められません。また、同性同士で海外の法律を使って結婚していたとしても、その結婚は日本の法律では無効です。

労働目的や、勉学目的、また研究者などの専門職として在留資格を申請することも可能だけれど、期間制限があるものがほとんどな上、常に審査に通る保証はありません。だから、結婚にくらべて断然難しい手続きをして永住権取得や国籍変更をしない限り、「次のビザ更新で引き離されるかもしれない」という不安は常につきまといます。

5 子育てしたい場合、双方には親権が認められない。

同性同士・異性同士にかかわらず、結婚も性交渉を通しての妊娠出産もしないカップルが子どもを育てるには、例えば次のような方法があります。

・独身者として里親の申請基準をクリアする
・独身者として精子バンクや卵子バンクを利用する
・自分の親族の実子《じっし》だけれども事情があって育てられなくなった子どもを引き取る

・一度異性と結婚していた頃の子どもをパートナーと育てる

男女カップル・同性カップルに限らず、こうした方法で出産・子育てをしている方々は既に大勢いらっしゃいます。ただし現在の日本の法律では、結婚している男女でなければ、双方が子どもの親権を得ることは不可能です。事実婚の場合、親権はどちらか一人にしか認められません。

はるか

「ううっ……」

ヒロミ

「えええー！　意味わかんない。私は男が恋愛対象だから、こういう不便があっても結婚すれば解決するけど、逆に言えば私だって結婚しなきゃずっと不便ってことでしょ？　そしてはるかちゃんは、そもそも結婚するって選択肢すら選べないってことだよね。ひどいよ！」

サユキ

「まあ、結婚しない人や結婚できない人にとって、孤独死ってかなりリアルだよね」

はるか

「こっ……孤独死……」

ヒロミ

「困ってる人がいるのに、なんで法律変えないの？　外国なら結婚してないカップルの子どもでも差別されてなかったり、同性結婚オッケーだったりするんでしょ？　日本って遅れてない!?」

サユキ

「外国といっても、日本以外ならどこでも自由に同性結婚できたり、差別がなかったりするわけじゃない。外国に行けば全ての問題が解決するっていうのなら、自分だってとっくに日本を出てるよ」

マヤ

「そうね。今、主に先進国で『結婚』を問い直す流れがあることは事実です。ただ、単に遅れてるとか進んでるということではなく、いろいろな意見がある中で〝今〟、どうバランスをとっていくか、ということが大事だと私は考えているわ」

はるか

「……」

マヤ

「暗い気持ちにさせてごめんなさいね。今私は、不便なところ、リスキーなとこ

ろをあえてたくさんあげました。これは、はるかちゃんが……はるかちゃんを含めたあらゆる人が、これから向き合わざるを得なくなるかもしれない大切な問題だからなの。でもね、たとえそういった問題と一緒であっても、それぞれが自分の愛や幸せを探していくことはできるのよ。そしてそのためのお手伝いをするのが私の役目なの。もう少し、一緒に考えてみましょうね」

なぜ日本では同性結婚ができないか？

「なぜ日本は同性結婚の制度を作ろうともしないのか。皆さんはどう思う？」

「うーん……やっぱり、子どもが産めないから、じゃないでしょうか……社会貢献できないから、社会制度に守られる権利もないんです、きっと」

「いやいやはるかちゃん、『子どもを産み育てることを義務として、その代わりに結婚の権利を与える』だなんて法律はないよ。子どもを産んで育てることだけが社会貢献だとも思わないな」

同性カップル法的保障制定後、出生率が上昇傾向にある国

デンマーク
1989 年登録パートナー シップ法施行
1.62 (1989) → 1.75 (2011)

オランダ
2011 年同性結婚法施行
1.71 (2001) → 1.76 (2011)

ベルギー
2003 年同性結婚法施行
1.66 (2003) → 1.84 (2011)

スウェーデン
1994 年登録パートナーシップ法施行
1.88 (1994) → 1.9 (2011)

フランス
1999 年民事連帯契約（PACS）法施行
1.81 (1999) → 2.03 (2011)

フィンランド
2001 年登録パートナーシップ法施行
1.73 (2001) → 1.83 (2011)

同性カップル法的保障制定後、出生率が下降傾向にある国

アルゼンチン
2003 年シビルユニオン施行
2.34 (2003) → 2.2 (2011)

ハンガリー
1996 年非登録の同棲制度施行
1.46 (1996) → 1.23 (2011)

同性カップル法的保障制定後、出生率がほぼ横ばいの国

ドイツ
2002 年ライフパートナーシップ法施行
1.35 (2002) → 1.36 (2011)

アイスランド
1996 年登録パートナーシップ法施行
2.12 (1996) → 2.2 (2012)

イスラエル
1994 年非登録の同棲制度施行
2.9 (1994) → 3.0 (2011)

以上、全てデータは世界銀行計測に基づく。

サユキ

「ま、同性結婚を認めたら少子化を助長する、なんて言う人はいるよね」

マヤ

「『日本は少子化社会だから同性結婚を認めてはいけない』という意見は確かにあるわね。でも、これは正しくありません。例えば、同性婚を法制化して十年以上経つ国々を見ても、同性結婚制度が出生率に大きな変化を及ぼさないことがわかります」

マヤ

「冷静に考えてみれば、結婚制度があってもなくても、同性を好きになった人はその人のことが好きなわけよね？　『この人のことが好きだけど、同性結婚ができないから諦めよう。そして好きでもない人と結婚してセックスして子どもを産もう』って考える人が、次世代の人口を左右するほどたくさんいるとはちょっと考えにくいわね」

はるか

「少子化のせいじゃないんですか？　それでは、日本で同性結婚ができない理由は、また別のところにあるんでしょうか……？」

マヤ

「理由というより、原因がある、って感じかな。最大の原因は、やはり『同性愛は悪いものだ』という偏見だと思うの。そういう偏見の中で声を上げられる人

は少ないし、そうすると政治家も『困ってる人は少ないみたいだしいいか』と考えてしまいがちよね。同性結婚に賛同する方が、『同性結婚の必要性を訴えるということは、お前は同性愛者なんだな。気持ち悪い！』という偏見に悩まされるという例もあります。こういう背景があってなかなか、話が進まないんだと思うわ」

マヤ　サユキ

「需要《じゅよう》はあるんだけどねえ……」

「実際に同性結婚制度ができたとしても、偏見があるから利用できないというカップルもいるかもしれないわね。私も、彼女と結婚生活同然の暮らしを送って、もう十五年になります。それでも私の両親は、私たちを認めていないの。また彼女に至っては、同性愛者であることをまだ親御さんや職場の人に隠しています。だから、もし同性結婚が可能になっても、入籍という形で私たちの関係を公《おおやけ》にすることは、ないと思うわ」

はるか

「十五年間も……？　あの、その間、ご両親とは連絡をとっているんですか？」

マヤ

「いいえ。絶縁《ぜつえん》状態ね。二十五の時、親が次々持ってくるお見合い話にうんざりして『私、彼女がいるから』って言ったの。そしたら『親不孝者《おやふこうもの》！』って言われて、それっきりだわ」

はるか

「そんな……そんなのって……」

マヤ

「悲しい顔をしないで。それでも私たちは、愛し合って幸せに暮らしているのよ。そしてはるかちゃんのような子たちに、自分の幸せを見つけてほしいと思っているの。制度にだけ左右されるのではない幸せをね」

はるか

「うっ、うっ……」

マヤ

「泣かないで。時には泣くのも大事だけれど。でも、覚えておいて。泣くことで変えられるのは、自分の気分だけよ。気が済むまで泣いたなら、顔を洗っておしゃれして、ちゃんと行動すればいい。そうすれば毎日を変えられるし、泣き続けなくてよくなるのよ。そのためにできることを、お伝えするわ」

同性結婚制度がない中で、何ができるか？

マヤ

「『同性結婚制度が存在しない日本で、同性と生きていきたい人に何ができるか？』を考えることは、広い目で見れば『人生設計の前に法制度が立ちはだかった時、個人に何ができるか？』を考えることでもあるの。」

ヒロミ

「私も無関係じゃないってことですよね。ちゃんと聞きます！」

マヤ

「こうした状況で取れる方法は、二つあります。

1．現状存在している制度を、なんとかうまく合法的に利用すること

2．制度自体を変えようと働きかけること」

はるか

「なんとかうまく利用すること……」

マヤ

「ええ。同性結婚制度がない以上、どうしても『日本での男女の結婚と全く同じ』というわけにはいきません。けれども、結婚できないことによって生じうる不都合の一部は、次のような方法で解決できる場合があります」

1 養子縁組《ようしえんぐみ》……法律上、親子という扱いをしてもらうよう、役所に届け出ること。

・**相談先** 弁護士、行政書士、司法書士など。ただし、全ての弁護士、行政書士、司法書士がこのような分野を取り扱っているわけではないので、事前に要確認。

・**良い点** 財産、住居、保険、医療の面で家族としての扱いを受けられる。

・**問題点** 裁判などで養子縁組を無効にされてしまう可能性がある。

2 各種公正証書の活用……生活の上で必要なことを二人で話し合うなどして、公正証書（公証人の作成する公文書《こうぶんしょ》）にしておくこと。

・**相談先** 弁護士、司法書士、公証役場など。

・**良い点** 必要に応じて必要なことを書き示しておける。例えば、

★「準婚姻契約書」「共同生活契約書」 パートナー同士で、生活全般を助け合うことを定める。

★「財産管理委任契約書」 預貯金管理、医療費支払などお金の管理をパートナーに任せる。

★「死後事務委任契約書」　自分がこの世を去ったあと、お葬式《そうしき》や親族・関係者への連絡をパートナーに任せる。

★「遺言書《ゆいごんしょ》」　自分がこの世を去ったあと、預貯金、財産、家、土地などの遺産をパートナーに相続することを定められる。

などの種類がある。

・問題点　法律的に親族となるわけではないので、結婚に比べて繋《つな》がりが弱い。例えば亡くなった人が、遺言書によってパートナーに全額遺産相続することを定めていても、亡くなった人の親・子・配偶者といった法律上の親族の方が繋がりが強いとされるため、最大で遺産の半分を親族に渡さなければならない場合がある（遺留《いりゅう》分と呼ばれる）。

3　式だけ挙げる……自分達の誓《ちか》いを、法律ではなく周りの人に支えてもらうご挨拶《あいさつ》。

・相談先　結婚式場、ウエディング・プランナー。

・良い点　気持ちとしてけじめがつくし、親族や友人など周りの人にもご挨拶ができる。また、「結婚式をするほど真剣に将来を誓い合っています」ということで、同性同士の関係を反対する人に対してもより説得力をもって説明できる。なによりも、一生モノの思い出になる。

・問題点　結婚式だけ挙げても、法的には全く保障されない。そのため、税金、保険、年金、住宅の名義、緊急時の連絡、医療や介護上の決定権、葬儀《そうぎ》……といった生活のあらゆる場面で、基本的には他人扱いになる。

---

4 海外移住して結婚……同性結婚が可能な国に移住し、その国の法律で結婚する。

・相談先　同性結婚が可能な国の日本大使《たいし》館、移民局など。

・良い点　移住した先の国において、異性間の結婚と全く同等の権利が得られる。

・問題点　海外で結婚したとしても、引き続き日本の法律では結婚しているとは認められない。そのため、日本での法的保障は得られず、他人扱いになる。

「わぁ……色々あるんですね」

「ええ。それに、例えば『準婚姻契約書を作ったうえで結婚式も挙げる』とか、複数の方法を組み合わせてもいいわね」

「ここに挙げた例って、同性カップルじゃなくても使えることだな」

「そうだね。男女カップルでも、別の苗字《みょうじ》でいたいからとか、その必要を感じないからって籍を入れないカップルはいくらでもいるし」

「そうだけど……なんかめんどくさいねー、同性結婚くらいオッケーになればいいのに」

「なればいいと思うなら、そうなるようにすればいいのよ」

「えっ……どういうことですか……?」

「制度自体を変えるために、働きかけるということ。『同性結婚』という制度がなくて困っているなら、既に存在する制度を活用するだけじゃなくて、作り出すために働きかける選択肢もあるのよ。日本の憲法では、二十歳以上の日本国籍者に『選挙権』というものが認められています。つまり政治に参加する権利ということで、政治家に立候補するのも二十五歳になればできるわね。けれどそこまでしなくても、みんなにできること。それは、選挙に行くことよ」

「せんきょー？　行ってもしょうがなくない？　どうせ有名人が勝つだけじゃん」

「誰が勝つかということより、自分の一票を誰に託《たく》すかということが大事なのよ。選挙結果はどうあれ、候補者たちは『何票入れてもらったか』ということを気にしています。だからたとえ残念な結果だったとしても、候補者はみんなからもらった一票一票や応援の声をエネルギーに『また頑張ろう』って思えるの。そうしたら、政治家としてではなくても社会のために頑張るかもしれないし、もっと努力して次の選挙に出るかもしれないわ。たとえあなたの一票が選挙結果を変えなかったとしても、長い目で見れば社会を変えるの」

「わたしは未成年だから、投票もできないです……」

「選挙に行けない人や、選挙結果に納得がいかない人にも、まだ手段はあります。昔から行われているのは、自分たちの願いや望み、それが必要な理由をまとめた『嘆願書《たんがんしょ》』『要望書』という書類や資料を、政治家に送って見てもらうことね」

「そんなことしていいんですか？　未成年でも？」

「ええ。これは『請願権《せいがん》』（憲法十六条）として認められている行為よ。『何人も、損害の救済、公務員の罷免《ひめん》、法律、命令又は規則の制定、廃止又は改正その他の事項に関し、平穏《へいおん》に請願する権利を有し、何人も、かかる請願をしたためにいかなる差別待遇も受けない』。ちょっと難しく感じるかもしれないけれど、私たちは、要望を政治家に伝える権利を持っている、ということなの。

　こうやって、自分の考えを政治家さんに伝えることで政治を動かそうとする行動のことを『ロビイング』と呼ぶことがあります。個人としてやる自信がないのならば、そういった活動をしている団体に協力してもいいわね。」

「こういうことをして、世の中を変えていかなきゃいけない、ってことですか？」

「いいえ、決して『やらなきゃいけない』ことなんてないわ。ただ、はるかちゃんも、やがては参政権を持つようになるわね。**参政権というのは、『やらなくちゃ**

いけない』というより『やれる権利』なの。『やっても何も変わらない』という無力感のうちに権利を捨ててしまうより、『何ができるのか』を知った状態で過ごしていってほしいの。

政治というのは、

国→都道府県→市区町村

という三段階に分かれています。同性結婚は、ある市や区や町や村に住む人だけでなく、ある都道府県の人だけでもなく、国全体に関わることよね。だから国会議員さんに声を届けることが大切になります。

政治家さんに意見を届ける前に、自分の要望がどの段階の政治のものか、そしてその国／都道府県／市区町村の人々にどういう影響をもたらすのかということを考えましょう。そして『**自分はこうしたい！**』という声だけでなく、その要望で具体的に誰が救われるのか、どんないいことがあるのかをきちんと伝えることが大切よ。『社会』なんていうと何か大きなもののように思えるけど、実は『あなたや私やあの人も含めた、ひとりひとりの集まり』のことなんだから」

まきむぅからの手紙**4**

選ぶこと、選ばされること

二〇一三年三月、春一番の吹いた日。東京ディズニーリゾートで、同所では初となる同性結婚式が行われました。ふたりの花嫁が純白のドレスに身を包み、家族と友達とミッキー&ミニーに見守られて愛を誓いあう。その姿はまさに、十歳で女の子に初恋しすぐに失恋したわたしが、叶わないものと胸の奥底にしまい込んだ光景そのものでした。

花嫁の東小雪さん・ひろこさんとわたしとは、もともと共通の友人を介して知り合い、それからお仕事をご一緒させていただくようになった仲です。結婚式前日、小雪さんと、ネット放送をする機会があり、放送の前にこんなことを話し合ったのをよく覚えています。

「小雪さんとわたしとは同じ時代に同じ日本で生まれ、同性に恋し、やがてそれぞれが愛する女性と生涯を誓いあった。小雪さんが愛した女性は日本国籍だった。わたしが愛した女性はフランス国籍だった。**小雪さんとわたしとは同世代の日本人女性だけれど、ただ相手の女性の国籍が違うだけで、選ぶことのできる選択肢が変わった。**小雪さんは相手がたまたま日本国籍の女性だから式をしても法的結婚ができず、わたしは相手がたまたまフランス国籍の女性だから式をしていないが法的結婚ができた」

女と女ではできない結婚が、男と女ならできる。

日本ではできない同性婚が、フランスならできる。

そうやって、わたしたち個人の希望にかかわらず、書類上の国籍や性別でばさばさと切り分けられていく感覚を、初めて自分の身に味わった会話でした。


親元を離れて自立してからのわたしは、「自分の人生は自分で選んで生きているものだ」と思っていました。けれど、自分の意志で選んでいるつもりのその選択肢は、実は誰かによって目の前に並べられているものでもあったんだ、と気づいたのです。

愛し合う日本国籍の女性ふたりを前に、日本の社会制度は「結婚」という選択肢を用意してくれていません。そもそも、わたしが日本国籍であるとか、女性であるといったことは、当然のように自分の一部だと思っていたけれど、実は生まれた時の状況によって決められ、誰かによって書類に書き込まれたことでもあったわけです。

「自分」って、いったいなにかしら。真っ黒い、だれもいない、過去の記憶もない、なにもない空間で、もしも「自分の気持ち」だけがぷかぷか形もなく浮かんでいたとしたら。

顔も、肌の色も、髪の色も、おっぱいもあそこも、お父さんの記憶もお母さんの記憶も、初恋のあの子の存在も、妻の存在もなかったとしたら。「自分」は、ほんとうに「自分」なんだろうか。女性として生きることを、日本人として生きることを、なにもない空間でもので、どこからどこまで他人に決められたものなんだろう。「自分」って、どこからどこまで自分が決めたもので、どこからどこまで他人に決められたものなんだろう……。

頭を痛めて考えてみたけれど、とりあえずわかったのは「なにがなんでも今の妻が好き」ということだけでした。

自分が日本人じゃなくても、女性じゃなくても、どうであっても、きっと今の妻に惹かれていただろうと思います。けれども、わたしが日本人であることは、わたしが女性であることは、わたしが積極的に選んだことではありません。生まれた時からそうだったので、当たり前のこととして受け入れていることです。ただ、日本人であったり女性であったりする前の、わたしのたましいみたいなものが彼女に惹かれているのに、わたしが日本人だから、女性だから、彼女とは結婚できない。そういう現実を前に、あらためて自分というものを考え直すような気持ちになりました。

決められた国籍と性別に基づき、わたしは区別され、管理され、愛する人と結婚制度を利用できないことにされる。彼女と愛し合って生きる道を選んでから、そういう「○○される」感覚というのを、自分の人生に対してまざまざと感じました。

繰り返しになりますが、昔は、同性に惹かれる自分が悪いのだ、と思っていました。自分が悪いのだから、結婚という社会制度を利用することは諦めなくてはならない。愛する女性との幸せな結婚も、妻として周囲に紹介することも、なにもかも。結婚という社会制度を利用して、愛する人と安心して暮らし、愛する人との関係を社会的に認めてもらいたいならば、そして女性を愛したいならば、わたしは男性にならなくちゃいけないのだと。

髪を切りました。スカートをはくのをやめました。彼氏と別れ、ボクサーパンツを買い、メンズの服を着て、背が高く見える靴《くつ》を履《は》いて、男言葉を使い、低い声を出す練習をして、ブラジャーを捨てました。夜の街でホストにスカウトされたり、周りの人に「男の子みたいになったのね」と言われるたびに、わたしはとても嬉しくなりました。

けれど、自分では「男性になりたい」と思っているはずなのに、どこか「男性に間違われる」という感覚があって、わたしは自分がわからなくなりました。この先、好きな女の子ができて、お付き合いすることになっても、わたしはずっと男性を演じつづけなくてはいけないんだろうか。

愛しているはずなのに見ていてちっとも興奮しない彼氏の裸を前に、わたしは今まで一生懸命「男の裸ってセクシー」って思いこむようにしてきた。女性誌のセックス特集の「イッたふり」コーナーを読んで頑張って足をびくびくさせてみたり、逆に男の人に触られながらも「今めっちゃセクシーなお姉さんに触られてる」って思いこむことで感じようと努力してみたりしてきた。そういうバカみたいな演技をこの先、女の子と一緒になっても続けなくちゃいけないのか。

そう考えたあげく絶望的な気分になりました。本当の自分というものがまったくわからなくなって、男装することが辛くなりました。どう生きていいのかわからなくなりました。自分の人生を川に投げ込んで、自分の人生を川に投げ込んで、流れに任せるような気分になって、わたしは大学を辞めました。学校なんかやめて働けば、お金がもらえる。お金があればとりあえず生きていられるし、やりたいことができたときにもすぐにやれる。わたしは若いし見た目もまあきれいだから、そのうち誰かまたそのへんの男性が声をかけてくれるだろう。そうしたら結婚して、子どもを産んで、社会に、家族に、なんとなく組み込まれてそれなりに生きていけばいいんだ。そんな風に思いながら、毎日ふらふらアルバイトに向かっていました。

心の奥底ではきっと、素敵な女性と愛し合って、暮らしていきたいと思っていたはずです。やわらかくて、あたたかくて、すべすべしていいにおいで、ヒゲもすね毛もなくて、かわいくってしなやかな「女の子」なるものと愛し合いたいと思っていました。けれども、女と女が愛し合うなんて普通のことじゃないし、結婚も認められないんだからと、その気持ちは心の奥底に押さえつけていました。「自分は中性的な男の人が好きなんだ」と思うことで、どうにか自分を納得させようとしていたと思います。

やがて、また耐えられなくなりました。そうやって自分に嘘をつき続ける日々に、ふわふわと流されていく自分の人生に。わたしは掛け持ちしていたアルバイト三つを全て辞め、貯金を予備校に突っ込み、アパートを探し、実家を出て、以前通っていた所とは違う東京の大学に通い始めました。結婚という社会制度に巻き込まれることなく、わたしは、自分の足で、しっかり立ってしっかり稼いでいかないといけない。そう思ったのです。

大学に入ったわたしに、祖父はこう言いました。「これからはもう、女も自立して稼いでいかないといけない時代だ。しっかり勉強しなさい。自分は家も貧しかったし、戦争もあったから、大学になんて行けなかった。だから大卒の奴らにずいぶんバカにされたし、いくら仕事を頑張ったって『大学を出ていないから』となかなか出世させてもらえなかった。『学のないやつは字もへたくそだな』と会社でなじられた。悔しくて書道教室に通ったんだ。それが今ではプロの書道家になって、大卒の先生方にも字を教えるようになった。勉強は裏切らない。男でも女でも、貧しくても金持ちでも、関係ない。これからは、英語とパソコンができれば世界でやっていける。しっかり勉強しなさい」

祖父はわたしに、「無限」と書いた書道作品をくれました。学校に行けなかったからとか、家が貧しかったからとか、そういう「○○だから」という限界に負けなかった自分の人生を、その二文字でわたしに伝えたかったのだと思います。女だからとか、大学を中退したからとか、そういう「○○だから」に負けるなと、そう言いたかったのだと思います。

大学を中退したから、わたしは就職活動で不利に扱われる。

女だから、わたしは男と結婚しないといけない。

同性愛者だから、わたしは愛する女性との結婚を諦めないといけない。

「〇〇だから」と自分の限界を設定し、そして社会により「〇〇される」ことを受け入れていく。これは、同性愛者に限らず、誰もが経験することだと思います。諦めることも、適応しようとすることも選択です。けれど、わたしにはそのどちらもできませんでした。よく「同性結婚なんて勇気があるね」と言われますが、わたしにとっては、愛する女性を諦めて男性と結婚することこそ、今の結婚制度に適応しようとすることこそ、よほど辛く苦しく難しいことでした。そうやってもがいてきた日々を、今の結婚生活からふりかえると、ほんとうに自分の限界を自分で決めていたのだなと思います。

自身の意思にかかわらず、わたしたちは社会制度によって、区別され、管理され、選択肢を与えられながら生きています。その中で、諦めるという選択もあるでしょう。適応するという選択もあるでしょう。でも、諦めなければいけない、適応しなければいけないという義務はありません。与えられた選択肢のみならず、新たな選択肢を作ろうと動くこともできるのです。社会制度というとものすごく強大なものに思えますが、それを作っているのはわたしたちひとりひとりという、変わりゆく存在なのですから。

5章

超ぶっちゃけ質問なんですけど
レズビアンの人ってどんなセックスしてるんですか(汗)?
お、なかなかつっこむねー
！
そ、そういうのはほら、プ、プライベートっていうかさ
だってわかんないんだもん！じゃああんたわかるわけ？
あの……
わ……わたしも知りたいです……保健の教科書じゃ……わからなかったから……
保健の教科書!?
はるかちゃんピュアすぎー
情報ないものね。保健の教科書じゃ男女のセックスのことしか書いてなくて
そうですね
俺はAV見て知ってるけど……

レズビアンていうとAVみたいなことするんだと思ってる奴いるんだよね
あーいるいる、AV鵜呑みにしてる駄目男！
ドキィ
自分も、レズビアンだって話して『じゃあペニパン使ってるんだね』って言われたことがあるんだよ。
皆が使うわけじゃないのにさ
想像しづらい、ってのはあるよねー
射精したら終わり、みたいなのじゃなさそうだしさー
そ……
そういう話もありなの？ここ

あら、セックスの話は大事だわ。
どんなセックスを望む人にしろ、満たされた親密な時間を過ごしたいわよね
先生は、
そういうセックスを恋人さんとしているんですか？
ドキドキ
先生がどんなセックスしてるか
知りたい？

5章

女同士って、どうやってセックスするの？

実際なにをしているの？ 女性同士のセックス

マヤ

「じゃ、参考までに、私がどんな風にしているかお話しするわね」

ヒロミ

「はーい、お願いします！」

マヤ

「最初にいっておきたいのだけど、『レズビアンの人は全員こういうことをしている』という意味でお話しするのではありません。男女間のセックスにだって、色々な愛のかたちがあるでしょう？ それと同じで、女同士でも、体位や時間や愛撫《あいぶ》する部位は色々なのよ。あくまで一例として、私の場合を紹介するわね」

アキラ

「だ、大丈夫？ はるかちゃんとか高校生だけど……」

マヤ　サユキ

「いいんじゃないの。セックスのことは教育現場でも教えてるんだし。なぜか男女のことだけだけど」
「そうね。同性のセックスの話をするだけなら、高校生に有害とまでは言えないでしょう。確かに、かつて日本の文部省（当時）は、同性愛を非行《ひこう》として取り扱っていました。けれども一九九四年、『生徒の問題行動に関する基礎資料』から、同性愛を非行と定めていた項目を削除しています。むしろ、知らないせいで『どうしたらいいんだろう』と不安を抱いたり、適切な性感染症《せいかんせんしょう》対策をとれなかったりすることのほうが、ずっと有害なことだと思うのよ」

マヤ　はるか

「はい……ちゃんと知っておきたいです。いつか好きな人ができた時、知らないせいで相手を傷つけたりしないですむように」
「前置きが長くなっちゃったわね。それじゃあ、彼女と私のすることを一例としてお話ししましょう。だいたいキスをして、耳や首筋《くびすじ》や胸や、気持ちのいいところをやさしく撫《な》でたり口づけしたりしあうのが始まりね。背中に胸をやわらかく当ててあげたり、抱き合ってお互いの太ももを脚にはさんだり。これは余《よ》談《だん》だけど、アメリカで二〇〇八年に出版された写真集『Lesbian Sex: 101 Lovemaking Positions』では、女性同士のセックス体位《たいい》が一〇一種類も紹介されているのよ」

ヒロミ

「一〇一種類!?」

マヤ

「ええ。その中でも少数派のカップルがやることのようだけど、『貝合《かいあ》わせ』をすることもあるわ。あまり聞いたことのない言葉かもしれないわね。簡単に言えば女性器をこすりつけ合う行為のことで、正式名称をトリバディズムと言います。私は、異性カップルでいう『松葉《まつば》崩《くず》し』みたいな体位（足をV字に開き、互いの体を挟み合う体勢）ですることが多いかな。お互いの体形によって、ほかの体位がやりやすいというカップルもいます。最初からこの行為で気持ち良くなるのは難しいんだけど、何度もベッドを共にして、しっかり噛《か》みあった時の快感はとても素晴らしいものよ」

ヒロミ

「じゃあ、イクのはそういうことした時ってことですか？」

マヤ

『イク』という感覚……つまりオーガズムは、指や舌や性器同士などでクリトリス（陰核《いんかく》。尿《にょう》が出る穴付近の、小さなふくらみ）を刺激することによって得られることもあれば、指やおもちゃなどを挿入して膣で得られることもあるし、乳首や耳や背中で、ということもあります。必ずしも性器への刺激を介さなければならないということはないの。気持ちさえ高まっていればね。アメリカのキンゼイレポートによれば、眉毛《まゆげ》を触られて達してしまった例も報告されているわ」

ヒロミ

「眉毛え!?　すごーい！」

はるか

「最初に仰《おっしゃ》ってましたけど……今先生がお話しされたような内容が、一般的なレズビアンのセックスというわけじゃないんですよね……？」

マヤ

「そうよ。恋人たちの数だけ、セックスの仕方も目的も多様なの。セックス自体をしない、という人だってもちろんいるわ」

アキラ

「あ、あのう……AVのレズものって、やっぱり実際とは違うんですか？」

ヒロミ

「AVって、男女ものでも現実と全然違うことがほとんどじゃん」

アキラ

「いや、そうなんだけど……。やっぱりあれのイメージが一番強いんだよ。映画やドラマで見たこともないし、保健の教科書みたいな、真面目に解説してるものも見たことがないし……」

マヤ

「そうねえ、AVや成人向け漫画などのアダルトコンテンツは、あくまでエンターテインメント作品だから、現実とは切り離して考えた方がいいわね。ああいった作品は、鑑賞者をその場で楽しませるためのもの、興奮を提供するものであって、実際に愛し合う時のお手本としては作られていないわ」

はるか

「お手本はない……ですか……」

マヤ

「**セックスのルールはシンプルよ。『している人同士の安全と意思がそれぞれ守られること』これだけなの。**だから例えば他人との違いや、オーガズムを得られないことなどで過剰に悩む必要もありません。そうそう、さっきサユキさんが、『レズビアンはペニスバンドを使っているんだろう』って言われた話をしていたわね。

そうしたおもちゃだって、使う人もいれば使わない人もいます。性的な満足感のために、挿入を必要としない人もいるのよ。男女カップルだって、男性同士だって、どういう場合でもそれは同じことよ」

アキラ

「確かに、人間は子どもを作る目的だけじゃなくて、『愛を深めたい』とか『気持ちよくなりたい』っていう目的でもセックスするよね。まあ、挿入は必要ないって言われると、男としては切ないものがあるんだけど……」

サユキ

「それなら、挿入してほしいって言ってくれる人とやればいいんだよ。それが相性ってやつじゃないの」

アキラ

「あ、そうか」

ヒロミ

「あのーもうひとつ質問なんですけど、レズビアンの人って、ひとりエッチするんですか?」

はるか

「……!」

サユキ

アキラ

マヤ

ヒロミ

「それも人それぞれなんじゃない。レズビアン含めて、女性にはする人もしない人もいるみたいだし」

「……ま、まあ、男にだってあんまりしないって奴とか、オナ禁する奴もいるよ。男の一〇〇%が必ずやってるってわけじゃないと思う」

「そうね、男性だからするしない、レズビアンだからするしない、という話にはならないわね。レズビアンの中には、『女性を思い浮かべてひとりエッチするなんて、自分は最低だ……』って思ってしまう人もいるかもしれないけど、したいようにすればいいわ。まだ自慰《じい》行為をしたことがないけど試してみたい、という場合には、清潔《せいけつ》な手で、乳首かクリトリスを触ってみることが、比較的抵抗感なく気持ちよくなれる方法じゃないかしら。もちろん、したくない人はしなくていいのよ」

「でもさ、レズビアンの人ってオカズ探すの難しいんじゃない？　最近ちょっとずつ女性向けＡＶとか、女性向けに男の裸の写真集とか出てきてるけど、そういうのはきっと特に嬉しくないでしょ。レズものＡＶもリアルとは違うらしいし……どうやってオカズ探してるんですか？」

マヤ

「そうねー、これはあくまで私の意見だけど、グラビアアイドルのイメージビデオ（ＩＶ）とか、女優さんがひとりエッチを見せるだけのＡＶのように、女性単体のセクシーさを楽しめる映像作品はけっこう使えるわね。小説や漫画でも、『どうせレズビアンは誤解されてる』みたいな思い込みを捨てると、けっこういいものが見つかることがあるわ。男向けとか女向けとか、ゲイ向けとかレズビアン向けとか、あんまり気にしすぎなくていいと思うの。『何に興奮するか』ということと、『実際にどういう性的行動をとるか』ということは別問題だもの。ちょっと、何人かのレズビアンの声を紹介してみましょうね」

Aさんの場合『本当にお互い気持ちよさそうでさえあれば、ゲイビデオでも、女優と男優のＡＶでも、いわゆるレズものＡＶでもなんでも興奮する。だけれど実際に自分がしたいのは女性同士のセックスだけだし、男の裸単体には興奮しない』

Bさんの場合『女性が縛られている姿をすごく美しいと思うし、ひとりエッチの時にはいつも観たり想像したりする。だけど実在の女性、特に彼女のことは絶対に縛ろうと思わない。ちゃんと抱き合って愛し合いたい。ひとりエッチと違ってセックスは、相手を縛っても自由度が落ちるだけで楽しくなかった』

「食事と甘いものは別腹《べつばら》。性欲自己処理とセックスも別腹」

「そういうことかしらね。だから、『恋人がいてもひとりエッチするなんて許せない』とか『恋人の部屋からこんなＤＶＤが見つかった……実はこういうことしたいの？』みたいなことで悩み過ぎる必要はありません。セックスが不満だからひとりエッチするんじゃなくて、単純に別腹なの。これは、レズビアンに限った話ではないわ」

「うんうん。それはよくわかる」

「別腹だからこそ、こういうことも言えます。恋人が自分にとって特殊性癖だと思えるポルノ作品などを隠していたからと言って、『本当は実践《じっせん》したいのだ』と

も限らないということ。実践しないならしないで、『あぁ、ひとりエッチではそうなのね』って流せばいいだけです。実践したいならしたいで、お互いどこまでなら挑戦できるかちゃんと話し合えばいいの」

「は、話す……。傷つけてしまったり、嫌われてしまったりしないでしょうか?」

「まぁ、それは言い方だよねー。嫌だ、と思うことはちゃんと言った方がいいよね」

「恋する二人が一緒にいることは状態であって、目的じゃないのよね。性の不一致を対等に話し合えないならば、関係自体を考え直すのも大事かもしれないわ。あとは、もうひとつ。『わたしはレズビアンだから、女にしか興奮しちゃだめだ! 女以外に興奮するのはおかしい!』みたいな気持ちも、特に持たなくていいのよ。さっき少し話に出したけど、例えば女性を恋人に持つ女性でも、ゲイビデオを見て興奮するという方は存在しますからね」

「ああ、自分の知り合いにも、ボーイズラブ漫画が好きってレズビアンがいるよ」

「うん、自分が何をしたいかと、何を見て楽しいかは、別ですよね」

「セックスにもひとりエッチにも色々なあり方があるけれど、『人と違う』『普通じゃない』みたいなことで悩みすぎなくていいのよ。そういう悩みは乗り越えて、している人が気持ちよくなることこそを目的にしたほうが楽しいじゃない？もちろん、考えた結果『性的なことをしない方が快適』という結論に落ち着く場合はあるわね。その場合はしなければいいのよ」

レズビアンには、男役・女役があるの？

「俺、レズビアンカップルには『男役』『女役』があって、『男役』がリードするもんなんだろう、って思ってました。『女役』が奉仕《ほうし》される方、っていうか」

「そうねえ、それも色々ね。相手を愛撫するのが好きで、自分はさほど触られなくても満足するという人もいるし、触られている方が好きだからリードは相手に任せるという人もいます。レズビアン用語では前者を『タチ』、後者を『ネコ』、どっちもやる人を『リバ』と呼んだりするわね。けれどそれも絶対的なものではないから、それぞれのカップルの関係性の中で、変化することもたくさんあるのよ。『タチ』は男性的で『ネコ』は女性的、ということもありません」

ヒロミ

「あ、そうなんだ!?」

マヤ

「同性カップルを前に『どっちが男役でどっちが女役なんだろう?』という疑問を持つ人は多いわね。でもそうした役割分担は、カップルによってある場合とない場合があるの。また、見た目ですぐにわかるものでもありません。女性同士のカップルがいたとして、一人がボーイッシュな雰囲気だからといって、彼女が『タチ』かつ『男役』である、という証拠にはならないというわけ。これまでにお話ししてきた、『男』『女』などの話と同じね」

サユキ

「レズビアン同士だってわかると、いきなり『タチ? ネコ?』とか気軽に聞いてくる人がいるんだ。いきなりはよくないよね。『どんなセックスしてんの?』って聞いてるみたいなもんだから。そういうこと聞かれるたびに、『タチかネコか決めないとレズビアン界になじめない』とか思ってたけど、今は別に決めて

ない。相手と楽しめるならなんだっていい。『タチらしく』とか、『レズビアンらしく』って考えてても意味ないかなって」

「あ、あの……。わたし、将来好きな女の子ができて、その、そういう風になったら、どうしたらいいんだろうって不安です……セックスって、何なんでしょうか？」

「そうね……先生の考えるセックスとは、愛する人に気持ち良くなってもらうこと。同時に、愛する人に気持ち良くしてもらうことよ。そのための手段として、恋人同士でもないと見たり触ったりしないとても大切な場所を見て、触れて、感じることがセックスだと思っているわ」

「なんだか難しそう……」

「大丈夫よ、はるかちゃん。自分の体の反応と、相手の体の反応に注意を向けていれば、お互いが何を欲しているのか感じ取ることは決して難しくないわ。その『感じとれた』ことをもとに、自分がしたいこと、相手がされたいことをしていけばいいの。また、言葉やしぐさなどで、して欲しいことを伝え合うのも

大切なことよ。**本当は痛いのに気持ちいいふりをしたり、本当はイヤなのに受け入れ続けることは、いつかセックス自体への嫌悪感につながります。**あなたの体のことは、相手にとっても大事なこと。その逆も同じよ」

ヒロミ

「うーん、それってレズビアンに限ったことじゃないよね！　ちょっと反省……」

女性同士のセックスで気を付けること

マヤ

「もう一度おさらいしましょうね。セックスにおいて大事なのは、『している人同士の安全と意思がそれぞれ守られること』これだけよ。女性同士のセックスでも、感染症のリスクはあるの。体のことを考えて、セックスするなら次のことを気を付けましょうね。

・清潔にすること。特に手は爪の中までよく洗うか、指用のコンドームを使う
（女性の体は尿道が短いため、不潔な手で陰核を触ると膀胱炎《ぼうこうえん》の原因になります）
・爪やすりを使って、爪を短く整えておくこと

（女性器は粘膜《ねんまく》ですから傷つきやすく、また傷つけると感染症の原因になります）

・性感染症の検査を受けること

（カンジダ膣炎《ちつえん》など、セックス経験がなくてもかかる感染症はあります）

清潔を保ちたいならば、指には指コンドームやラテックス手袋、バイブやペニス型のおもちゃには普通のコンドームが使えるわ。また、女性器をなめる時、いわゆるクンニリングスをする時は、ラップ越しにすれば感染症のリスクが下がります」

「えーっ！　なんかカッコ悪くない？」

「あそこが死ぬほどかゆくなるより、多少カッコ悪い方が断然ましだろ」

「うーん……」

「そこもテクニックよ。手を洗ったりコンドームをつける時にムードを壊したくないなら、『あなたの体のことを想ってのことなの』って愛をこめて言ってみましょ。女性同士だから望まない妊娠のリスクはないけれど、感染症には注意しなくてはいけないわ。それから、体を傷つけるようなこともしないことよ。アメリカ・フィラデルフィアでは二〇〇三年に、女性同士のエイズ感染例が報告されています。彼女たちはお互いに相手だけをセックスパートナーとし、一途に愛し合っているカップルだったのだけれど、膣内に入れるタイプのおもちゃを共有していたの。激しく使いすぎたことで膣内に傷がついてしまい、そこから感染したのだそうよ」

「女性同士でもエイズって感染するんだ」

「一瞬の快楽より安全が大事だよね。セックスが終わっても人生は続くから」

「ラブホテルとかはどうなんだろう？　入れるの？」

「統計を取ったわけじゃないけど、女性同士で入れないラブホテルの方が少ないと思うわよ。最近はだいぶ風通しがよくなってきたもの。むしろラブホテル側が『女子会プラン』なんて用意していることもあるし、普通に安い宿泊先として使う人もいるしね。ただ、地元で入りづらいっていう気持ちはやっぱりあると思うけれど」

アキラ

「うん、地元はね……」

マヤ

「地元を離れたとしても、無用なトラブルを避けるためには、やっぱり防音に気を使うことや、鍵・カーテンなどをしっかり閉めることもとても大事になるわね。男女のカップルだって同じことだけど、ご近所迷惑にならないよう心掛けるのはもちろん、盗撮《とうさつ》・盗聴《とうちょう》・覗《のぞ》きにもきっちり対策すること。プライバシーを確保しましょうね」

はるか

「いろいろ教えてくださって、ありがとうございます……。でも、わたし、したことないし、きっと下手だから……もしも、好きな女の子といっしょになれたときに、それだけが不安です……」

ヒロミ

「そう？　女同士なら、気持ちいいとこわかるんじゃないかな？」

マヤ

「わかるつもりにならないことよ。セックスはテクニックじゃないわ。セックスしてるのは、『男と女』や『女と女』じゃなくていつも『あなたとわたし』なの。同じ女でも、ひとりひとり違う肉体を持っています。異性か同性かそうでないかにかかわらず、どんなカップルでも、ありかたは一組一組ちがうのよ。指や舌をこう使わなきゃいけないとか、性器のここを触らなきゃいけないとか、そうしたことを問題にするのではなくて、愛おしい相手に何をしてあげたいか、何をされたいかを第一に考えたいわね」

はるか

「はい……！」

まきむぅからの手紙5

「レズビアン」と「男子」の関係

「レズビアンってどうやってセックスするの？」この質問に「一概には言えないわ」という回答をされても、たぶんすっきりしない人がいると思います。だって、言い換えるとこれ多分、「男性器なしでどうやってセックスするの？」って聞きたいんですものね。「ゲイってどうやってセックスするの？」という質問をあまり聞かないのが、その証拠だと思います。「男性器をどこかに挿入すること＝セックス」という前提があるから、こういう質問が出てくるのではないでしょうか。

実はこれ、わたし自身も、また妻も、同じ疑問を心のどこかに持っていました。愛する女性を抱く自分に男性器がついていないという事実に対し、「どんなに愛し合っても彼女は妊娠しない」「男よりもうまく彼女を抱けてるかな」というような気持ちが、心のどこかに引っかかるような感覚。友達はこれをちんこコンプレックス、略してちんコンと命名していました。

この、自分のからだを不完全なもののように感じてしまうちんコンというのは、実は男性器を持つ人であっても「元彼に勝ってるかな」というような形で抱えていたりしますね。なかなかスカッと解決するのが難しい感情だと思います。でも、確かに言えることは、「ちんコンを抱えて苦悩してようがなんだろうが、相手はいま、ほかならぬ自分を選んでくれたのだ」ということです。わたしからしたら、妻がちんコンに苦しむ姿すら愛おしいと思います。そして、あぁ愛おしい、と思って抱き合って愛し合って、終わって満足した後にふと気づくのです。「あれ？　別にちんこ要《い》らなかったじゃん」って。

と、いうことで。「レズビアンって男性器なしでどうやってセックスするの？」これについてのわたしなりの答えは、こうなります。「心では、自分についてたらいいのになって思うこともある。でも実際、体では別に欲しくなったことないなぁ」

そんなこと言って男を知ったら変わるんだろ！　みたいなことを言う方もありますが、すいません、もうだいぶ知ってます。むしろレズビアンって、自分が同性愛者であることを自分で認めたくないあまりに、同世代平均より男性経験豊富になっちゃうパターンもあるんです。あ、ちなみにゲイカップルでも、お互い挿入しないでセックスしているっていう方々はいらっしゃいますからね。

誰でも、どことなく、自分の体を不完全なもののように感じてしまう感覚ってあると思います。その、体にぽかんと空いた穴を、「それでもあなたがいいのよ」という愛をもってお互いに満たしあうことこそ、セックスなのではないでしょうか。穴を満たすという役割を、既成概念はちんこに押し付けすぎていると思うのです。

「男性器もなしに、私はどうやって彼女を抱くの」という、わたしにぽっかり空いたこの穴は、男性器の挿入によっては満たされない。ただ、彼女がわたしを全身で愛撫して肯定《こうてい》してくれるからこそ満たされる。その逆もまた然《しか》りです。

ただし挿入がないとしても、セーファー・セックスを心がけるべきなのは同じ。指用や女性器用のコンドームも市販されていますし、匿名《とくめい》・郵便局留めで家族にばれず性病検査できるキットもあります。自分と相手の体をちゃんと知って、守って、愛してくださいね。

さて、以上、「男性器がなくっても満足」っていう話をしてきました。ここで一度、誤解が無いようにひとつはっきり申し上げます。

「女性が好き」であるということは、「男性が嫌い」であるということを必ずしも意味しません。つまり、「レズビアン=男嫌い」ではない、ということです。

もちろん、男性が苦手なレズビアンもいます。けれど、もしそうであっても、わざわざ男性の体を否定するようなことを男性の目の前で口にする意味はありません。直接「男は嫌い」とか「男の体キモイ」とか口に出せば、それは、女性同性愛嫌悪（レスボフォビア）という感情になってそのまま自分に跳ね返ってきます。

こういうのって、お互い様の話です。レズビアン側が「男を知れば変わるんだろ」とか「俺が治してやる」だなんて言われるいわれはないのと同じように、レズビアンが「男キモイ」とかわざわざ直接言う意味もないのです。思うことは自由ですけれど、伝えることで特にお互い得はしません。

とはいえ、いわゆる「レズもの」のAVが大好きだとか、レズビアンのセックスに混ざりたいという欲望をもっている男性はいらっしゃるので、そういう方の一部から絡まれることもあるかもしれませんね。わたしも、タレントという職業柄はあるにしろ、「彼女とのヌード写真いくらで撮らせてくれる？」とか「女なんだから本当は欲しくなるでしょ？」とか言われたことがあります。しかしそういう方に対して「男ってキモイ」などと言ってしまっては、他の男性含めてレッテル貼りすることになってしまいます。なのでわたしはそういう人に対し、いつもこう言ってかわすのです。「いやー、なにはともあれ女の子って本当にイイわよね！　あなたもわたしも、女の子が大好き同士なのね！」って。

それでも「男の良さを教えてやる」とか食い下がってくる人には、「そんなに男がいいって言うなら、わたしなんかに構ってないであなたが男に抱かれてきてちょうだい☆」って気持ちになります。まあ、身の安全のためには、相手を怒らせないように逃げることを最優先にしますけどね。

ということで、もう一度。「レズビアンってどうやってセックスするの?」この質問に、わたしの立場からお答えします。

レズビアンっていったって、めちゃくちゃ色んな人がいるんだし、もちろん全員知り合いなわけではないからわからない。でもわたし自身は、例えばお互いの耳や首筋や背中やおっぱいや気持ちいいと感じるところ色々を、やさしく触り合ったりなめ合ったりするのが好きです。どちらが男役とか女役とか、どちらが攻めるとか受けるとかそういうことは特になく、ただお互いに見つめあって、触りあって、感じ合って、彼女とわたしの体の境目がどこだかわかんなくなっちゃうくらいに溶け合うのです。レズビアンの中には、腰に取り付ける男性器形のおもちゃ『ペニバン』『ストラップオン』だったり、膣に入れて使う

『ディルド』『バイブ』だったり、そういういわゆるオトナのおもちゃを使う人もいます。けれどわたしは、愛しい彼女の体を見たり触ったりまた触られたりするだけで十分満足だから、使いたいと思いません。射精もオーガズムも別に目的としてないから、お互いの気持ちが満たされたらフィニッシュという感じです。もちろん相手をオーガズムまで導いてあげられると嬉しいけれど、自分や相手がイク／イカないには全然こだわりません。とにかく、恋人同士じゃなくっちゃ見せないようなところをお互いに触ったり舐めたりしあって、ひととおりエッチなことには満足して、そのままいちゃいちゃしているうちに、安心して眠たくなって一緒に寝ちゃうのが最高に幸せなんです。

うわー。なんか気恥ずかしい……。けれどまあ、なにはともあれ、この「幸せ感」がお互いにあるならば、セックスってなんでもいいんだと思います。だから、「レズビアンのセックスってどうやるんだろう」って、好きな女の子を前に不安がる必要はありません。女と女のセックスであるまえに、あなたと彼女のセックスなんですから。「やるべきこと」なんかより、「したいこと」「されたいこと」を大事にしましょうね。そしてそれはいつも「あなたとわたし」の間のことであり、本人たちの合意がきちんとあるならば、他人が意見する余地もないことです。

6章

こうなったら俺もぶっちゃけて聞きたいんですけど
セクシュアルマイノリティの人たちって、どこで出会い見つけてるんですか？
あ、それ私も気になってた！
あんたも聞きたいよね
俺、新宿二丁目で一度だけ男にナンパされたことあるんだけど……
!?
ちょっ、何よそれ、モテる自慢!? イケメンだった!?
ちがう
その時思ったんだよ
同性愛者の人って、二丁目に来ないと同じような人たちと出会えないのかなって
会員制バーとか
うーん そのイメージはあるかも

私田舎住みだし、飲み屋さんばっかりのところ、多分大人になっても怖くて行けません……

しゅん…

私には出会いがないんでしょうか……

自分、二丁目はあまり行かないよ。

地元で飲む方が好きだな
わたしもあまり行かないわね～

呼ばれたら行くくらい
あっ、そういう人もいるんだ
新宿二丁目は、LGBTフレンドリーの文化を古くから培ってきた町ね。

二丁目全体で大きなイベントが開催されることもあります。

でも、出会いがあそこにしかないわけじゃないわ

だったら嬉しいです。
でもこの先、大学とか、会社とか、色んな場所で、誰にも理解されなかったら……
か、カミングアウトってそんなに大変なの？
大変に決まってるよ
あんたしたことないじゃん
セクシュアルマイノリティと呼ばれる人がどういう場所で出会いを探しているか。
生活の中にカミングアウトをどうおりこんでいけるのか
気になるわよね！

6章 百合のリアル

どこに行けばレズビアンに出会えるの？

「お友達でも、お付き合いしたい人という意味でも……どこに行けば、レズビアンの人に出会えるものなんでしょうか……？」

「どこにでもいるんだけどね。あえて言わないだけで」

「そうね。でも、それをオープンにしあえる場という意味では、やはり次の三パターンに分かれると思うわ」

1 同性愛者向けのお店や施設

・LGBTフレンドリーを売りにするカフェ

・ＮＰＯなどが運営する同性愛者向けコミュニティスペース
・大学ほかにある、ジェンダー／セクシュアリティの研究センター
・レズビアンバー
・ミックスバー　など

2 インターネット上

・レズビアン向けのＷＥＢサイトやアプリ
・FacebookなどのＳＮＳ内にある、同性愛者向けコミュニティ
・レズビアン専門ＳＮＳ　など

3 イベント、クラブ、サークルほか人が集まる機会

・ガールズオンリーのクラブイベント
・大学などのＬＧＢＴサークル、ジェンダー／セクシュアリティ研究会
・市民イベントやＮＰＯ主催の交流会
・プライドパレードや映画祭などの大きなイベント　など

マヤ

「詳しくは、インターネットで検索してみてね」

はるか

「なんだか……ちょっと緊張します。特別な用語を知らないと馴染《なじ》めないとか、ボスみたいな人にあいさつしないといけないとか、そういうのあるんじゃないでしょうか……」

アキラ

「いやいやはるかちゃん、暴走族じゃないんだから……」

サユキ

「あー、あるよね」

アキラ

「あるんですか！」

サユキ

「暴走族とは違うけどさ。独特の内輪《うちわ》感ってのはやっぱりあったりするよ。自己紹介でいちいち『フェムリバです』とか、細かくセクを書かないといけない空気とかさ。何故か『完ビ』が偉いことになってて、バイはいちいち『ビアン寄

りバイです』とか言うけど『ノンケ寄りバイです』とはあえて言わない感じとか」

「フェムリバ？　セク？　カンビ？　ノンケヨリバイ？　なにそれ？　国??」

「ふふ、国の名前じゃないのよ。外国語でもありません。レズビアンが集まる場所で使われる、ある種の専門用語と言ったらいいかしら。わからない言葉は検索すれば出てくるし、そういう言葉を使わない人も最近ではだいぶ増えてきています。代表的なものを紹介してみましょうか」

レズビアン用語

見た目を表す言葉

ボイ……ボーイッシュで、男性的な格好。

中性……男性的でも女性的でもない格好。

フェム……ガーリッシュで、女性的な格好。

ベッドでの役割を表す言葉（『セク』と呼ばれる）

タチ………セックスで攻める方専門。

リバ………セックスで攻めることもするし、受け身にもなる。両方やる。

ネコ………セックスで受け身になる方専門。

ノンセク…恋愛はするが、セックスはしない。性的指向を表す言葉としても使われる。

マヤ

「これらを組み合わせて、例えば『ボイタチです（ボーイッシュで、セックスでは攻める方です）』とか『ノンセクフェムです（女の子っぽい格好で、セックスはしません）』とか名乗るわけ」

サユキ

「もう、服すら脱がない！　完全に攻める方！　みたいな人だと『バリタチ』って言ったり、逆に、完全に受け身！　みたいな人だと『バリネコ』って言ったりするね」

マヤ

「ちなみに『ビアン寄りバイ』は『レズビアン寄りのバイセクシュアル＝男女両方恋愛対象だけど女性に恋することの方が多い』みたいな意味ね。『○○寄り○○』という表現はわりとよく使われていて、『ネコ寄りリバ』みたいな言い方も

するわ」

ヒロミ

「私、絶対覚えられない……」

はるか

「そ、それ……絶対に言わなきゃだめですか？　セックスしたことないからわからないですし、そんなことを誰かに言うのってすごく恥ずかしいんですけど……」

サユキ

「それなら『恥ずかしいです……』とか『ないしょです☆』とか可愛く言っときゃいいよ」

マヤ

「私も別に決めてないわ。『気分によります』とか『決めつけたくないと思ってます』とか、『あなたの喜ぶようにしてあげる』とか『うふふ、確かめてみる？』とか言っておくことにしてるの」

アキラ

「おおおおおおおお！」

ヒロミ

「あんたに言ってないでしょ！」

マヤ

「レズビアンが集まる場所や、レズビアン独特の用語っていうのはあるけれど、

だからといって全員がそういう場所でしか出会えないとか、全員がそういう用語を知ってるとか、使わなきゃいけないとか、そういうことは全くないのよ。だから、同性を好きになったからといって、特別な場所に行ったり特別な言葉を覚えたりする必要は全くないの。そうしたければ、そうすればいいし、そうでないならそのままでいい。ただ、身の安全のために気をつけなければいけないことはあるから、それは後で説明するわ」

はるか

「特別なお勉強は必要ないですか？　本当に？」

マヤ

「ええ。バーやクラブのような雰囲気に慣れていない人には、市民団体やNPO主催の昼間の交流会や、自治体や大企業が協賛に入るような大きいパレードなど、『ノンアルコールかつ昼間』もしくは『個人情報や顔を出さずにいられる』ところがお薦めです。そういうところなら初参加の人も多いし、参加している年齢層も様々ね。学外参加者を受け付けている、ジェンダー・セクシュアリティ系の大学サークルなんかも楽しいわよ」

はるか

「そうなんですね……ちょっと、楽しそうって思えてきたかも……」

ヒロミ

「初めて知ることばっかりだなー」

アキラ

「俺も。だって知る機会ないもんな。そういう場に近寄ることがあっても、俺みたいなのは嫌がられそう。ゲイの集まりに行ったら『なんでノンケが』っていわれるだろうし、レズビアンの人って男が嫌いな人多そうだし」

マヤ

「パレードや勉強会なんかは、セクシュアリティ不問《ふもん》、つまり『ノンケ』も歓迎するところが多いわね。『出会いを求めているゲイのためのパーティ』にアキラさんが参加したら嫌がられるでしょうけど、それは単なるマナー違反だって、わかるでしょう？」

アキラ

「そうですね。それは、嘘ついて参加してるってことですもん。俺は今のところ、男の恋人が欲しいわけじゃないし」

はるか

「あの、レズビアンには、男嫌いな人が多いんですか？　私、特別に男の人が嫌いだと思ったことはないんですけど、そういう風だと浮いてしまいますか？」

マヤ

「いいえはるかちゃん、『大多数が男嫌い』なんてことはありません。安心してね。ただ、レズビアンを性的対象として見て、暴力でいうことを聞かせようと

する男性の存在を、レズビアンコミュニティなどが強く警戒するという傾向は確かにあるわね。男性の暴力に対し、女性の腕力では抗《あらが》えないことがどうしても多いからです。だからトラブルを防止するために、サユキさんのように、身分証の性別が男性であるトランスジェンダーはレズビアンイベントに入れなかったりするの」

「そういう下劣《げれつ》で馬鹿《ばか》な男はごく一部だ、ってことはわかってるんだけどさ、そのあおりを食う側としては本当に迷惑だよ」

「ええ。だからレズビアンの側は、男性全体がレズビアンを性的な目で見ているわけではないという事実に目を向けてみること。サユキさんのように性自認が女性であるトランスジェンダーを、『結局元男でしょ』とか『女装でしょ』というような無理解にさらさずに本人の意思を尊重すること。それからレズビアンを性的対象として見ている男性の側は、その欲望を実際のレズビアン相手にはむやみに出さないことが大切ね」

「そういうのって、セクシュアリティとか関係なく、当たり前だよね。相手が嫌がることとしようとしたら、それはただの犯罪だもん！」

マヤ

「改めておさらいしましょう。**同性を好きな人に出会いたければ、そういう人が集まるコミュニティに足を運んでみたり、インターネットを活用する、という方法があります。**その場特有の雰囲気やローカルルールは、事前に調べたり、人に聞いたり、もしくは自分の目で確かめて、自分と周りの人を不快にしないように過ごしましょう。勿論《もちろん》、一般的なマナーも守ることが前提よ。自分にとって違和感のある言葉は使わなくて大丈夫。『同性愛者だから二丁目に行かなくちゃ』『こういう用語を覚えて、自分がどこに所属するか考えなきゃ』と考える必要はないのよ。

　これまでにずっとお話ししていることだけど、『男だから〇〇』『同性愛者だから〇〇』『トランスジェンダーだから〇〇』などといったイメージにとらわれずに、ちゃんと目の前の人の話を聞くことが、やっぱりすべての基本ね」

サユキ

「簡単そうだけど、終わりがなくてしんどいことだね」

マヤ

「そうね。でも私は、終わりがないからこそ面白いと思っているのよ！」

カミングアウト、しなくちゃいけない？

はるか

「私、カミングアウトのことをずっと悩んでるんですけど……」

ヒロミ

「カミングアウトってなに？」

マヤ

「セクシュアリティのことに限らず、自分が秘密にしていることを、他人に打ち明けることよ。はるかちゃんは、どういう風に悩んでいるの？」

はるか

「あの……人とわかりあいたいなら、カミングアウトは絶対にしなければならないものなんでしょうか」

マヤ

「もちろん、そんなことはないわ。カミングアウトは、『したい』と『してよさそうだ』のふたつの条件が満たされたときにすればいいだけよ。同性を恋愛対象にしているということは、あなたという人間を構成する、ほんの一部分のことでしかないのだもの。長い人生の間で、刻々と変化することでもあるわ」

はるか

「そうですね……確かに、今の私は、同性を恋愛対象にしていますけど……それ

は私の一部分であって、私のすべてではないです」

マヤ

「誰かのカミングアウトを『同性愛者かどうかなんてわからない、将来異性を好きになるかも』って言ってしまうことは単なる否定発言だけどね。同性を好きだからと言って、自分自身のことを同性愛者だと決めつける必要はないし、仮に同性愛者であることに誇《ほこ》りを持っていたとしても、それを人に必ず言わなければいけない理由はどこにもないわ。人づきあいの基本は、自分に対しても他人に対しても、誠実に聴くこと・決めつけないこと・否定しないこと・言いふらさないことよ」

サユキ

「いや、でもさ。確かに同性愛者であることは人間の一部でしかないけど、かなり大きな部分だよ。例えば自分みたいな人間がカミングアウトしないということは、見た目で性別を判断されて、同時に異性愛者扱いされるということだよね。それはやっぱり誤解されてるって感じるし、自分にとっても隠し事してるような気分になる。そんなの不愉快《ふゆかい》だね」

はるか

「わたしは……どうなんだろう。やっぱり将来、カミングアウトしたいと思うことはあると思います。でも、うまくできるかどうか……。今日はできたけど、

こういう雰囲気の時ばかりじゃないと思うし……」

「ひとつ、カミングアウトのコツを教えるわね」

「カミングアウトのコツ……ですか……?」

「ええ。それは、カテゴリを示す単語で自分を理解してもらおうとするのではなく、自分自身の言葉で、気持ちで説明することよ。私と、はるかちゃんと、サユキさんが『レズビアンです』とだけ言っても、それは私たちそれぞれの説明にはなっていないわね。『私はこういう女性に惹かれるんです』『こういう女性と愛し合っているんです』という風に、『レズビアン』についてではなく、『自分』について話してみることが大事だと思うの。

相手がびっくりしたり、自分を嫌いになってしまっている様子でも、落ち込まないこと。相手にも考える時間が必要です。**たとえそれで嫌われたとしても、嫌われたのは自分自身ではない、と考えてほしいの。その人は、その人の頭の中にある『同性愛者』とか『性同一性障害』とかのイメージを嫌っているだけであって、あ**

なた自身を嫌悪しているわけではないと考えましょう」

サユキ

「その嫌われた相手が、まさに自分の愛した人だったり、家族だったりすることも人生にはあるわけだけどね」

ヒロミ

「サユキさんは、周りの人たちにカミングアウトして、それで嫌われちゃったってこと？」

サユキ

「まあね。自分なりに説明してみたけど、親はやっぱり自分のこと男扱いするから、それが苦痛でずっと連絡取ってない。長く付き合ってた彼女からも、豊胸手術したことをきっかけにふられたよ。家族も元カノも、自分には、異性愛者の男でいてほしかったんだと思う」

アキラ

「後悔してますか？　カミングアウトしたこと」

サユキ

「後悔はしてない。好きだったからこそ、自分を偽《いつわ》ることも、理解してくれって押し付けることも自分はしないでおこうと思ったんだ。ものすごく辛かったし、恨《うら》んだけど。それでも、家族や元カノには幸せでいてほしいと思ってる。『あなた』と『わたし』を切り離して、自分ひとりで立つことから始まる愛もあるん

だって、あのカミングアウトで知った」

マヤ

「そうね……。時にはカミングアウトによって、関係が大きく変わることもあるでしょう。でも、忘れないで。あらゆるセクシュアリティは、生き方のひとつ。良いことでも悪いことでも、かっこいいことでも不道徳なことでもありません。カミングアウトも同じ。生きる上での『目標』にするものではなくて、『生きる中で周りの人とどう関わっていくか』、という選択の一部。時々は休んだり、泣いたり笑ったりしながらでいいから、自分の足で歩くことを忘れないで」

カミングアウトよりも優先したいことは?

マヤ

「そうそう、カミングアウトについては、注意しなければいけないことがあるわ。『したくなければしなくていい』といったわね。その『カミングアウトしない』ケースの中には、むしろ『積極的にしない方が無難《ぶなん》だ、同性愛者だとわかるふるまいも控えた方が安全だ』という場合もあるの」

はるか

「えっ……どんな時ですか?」

マヤ

「例えば、政治的・宗教的な理由で同性愛差別が強い国、地域、コミュニティなどにいる時ね。結婚制度の話をした時にも少し話題に出たけれど、国によって、それぞれの偏見、差別問題があります。例えばフランスでは二〇一三年四月、腕を組んで歩いていたゲイカップルが襲撃される事件があったわ。アメリカでも同性愛者を狙った銃撃事件が何度も起きているの」

アキラ

「あれ、フランスとかアメリカとか、欧米って同性結婚できる国が多いんじゃ……」

マヤ

「同性結婚が可能な国だからといって、全ての場所で安全だとはいえないのよ。きちんと現地事情をリサーチし、夜間や治安の悪い場所では特に注意することね。さらには、同性愛を『犯罪』として取り締まっている国もあります。中には、同性愛が死刑に値するという国も……。もちろん、そういった状況のほうが間違っているのだと私は思うわ。だけれどその状況を変えるのも、命あってのことですから、自ら犯罪を招くような行動は取らないことをすすめます」

「日本なら大丈夫だよね？」

「日本では、逮捕に結びつくほどの同性愛嫌悪は目につかないわね。けれども、だからと言って『ない』とは言えないわ。実際に刑事事件が数件記録されているし、それに加えて、被害者が同性愛者であっても報じられなかった事件だって考えられるからね。

・公共の場でキスをしたり抱き合ったり、恋人同士だとわかる接触をすること
・インターネット上に、個人情報とともに、自分のセクシュアリティを公開すること

この二つは、トラブルにつながりやすい行為です。もし自分の身を守ることを最優先したいならば、避けた方が賢明よ。例えばインターネット上では、レズビアンが集まるSNSに、レズビアンのふりをして男性が潜入し、個人情報などを聞き出したところで『お前がレズビアンだってみんなにばらすぞ、ばら

されたくなければ裸の写真を送れ』などと脅迫《きょうはく》した事例が複数あるの」

アキラ

「最低だな、そんなの……」

マヤ

「まったくね。それから、カミングアウトしないほうが無難な場合の二つ目。そのカミングアウトによって、生活が成り立たなくなる場合です。例えば、同性愛への偏見が強い親に養われている未成年者や、偏見が強いことが明らかな会社で働いている人の場合、カミングアウトしたことによって親に見放されたり、会社をクビにされたりする可能性もゼロではないわよね」

ヒロミ

「え!? そんなの、そんなことするほうがおかしいじゃん!」

マヤ

「ええ。前者は養育放棄《ほうき》だし、後者は不当解雇《かいこ》よね。でも、実際に起きていることなの。どっちが悪いのかという問題を議論する前に、身を守らなければいけない状況もあるわ」

アキラ

「う~ん、そういう時はじゃあ、一時的に黙っておくしかないのか……」

「ちょっと不安になってきました……」

「世の中、完璧じゃないのよね。万が一、家族や会社に知られて見放された時は、警察や労働基準監督署や弁護士さんなど、しかるべきところに訴えること。そこでも『あなたが同性愛者であるせいでこうなったんだ』と言われたとしたら、それは性的指向に基づく差別です。同機関内の別の人に相談先を変えるなり、性的マイノリティの支援団体に相談するなりすれば、必ず守ってもらえます。そこまでする気力がもしなかったとしても、絶対に自分自身を責めないで。性に対するあり方は、無理には変えられないものなのよ。それは誰にとっても同じだわ。そうあること自体は、間違ったことなんかじゃないのよ」

「はい……その言葉を、忘れないようにします」

まきむぅからの手紙6

最初のカミングアウトの相手は自分自身だった

初めて女の子に恋をした十歳のわたしにとって「カミングアウト」はものすごく専門的なことに思えました。レズビアンとしての特殊な方法であり、一種の職人芸みたいなことであって、特別な用語や知識や方法論を身に付けないとできない別世界のことだと思っていたのです。

けれど、それを通り過ぎた二十六歳の今、はっきりとわかります。人と出会うことに、わかりあうことに、何もレズビアンという世界における特殊な方法があるわけではないのだと。今の妻と一緒になるために、いちいち「わたし、レズビアンなの。だからあなたが好き」とは言いませんでした。今の妻を両親に紹介するために、いちいち「わたし、レズビアンなの。だから彼女が好き」とも言いませんでした。

本当に愛する女性を前に、一番に伝えたいことは、「自分がレズビアンである」ということではなく、「あなたは素敵だ」ということでした。本当に愛する両親を前に、一番に伝えたいことは、「自分がレズビアンである」ということではなく、「彼女といられて幸せ。産み育ててくれてありがとう」ということでした。自分がレズビアンであるというカミングアウトは、目的ではなく、結果だったのです。そう考えると「自分はレズビアンです」という名乗りは、単純に便利ではあるけれど、妻を愛することに、両親に妻を紹介することに、必ずしも必要なことではなかったのだな、と感じています。いまからひとつの例として、わたしがどのようにいわゆるカミングアウトをしていったのかということをお話ししたいと思います。

まず、**誰よりも先に「自分はレズビアンだ」というカミングアウトを済ませなければならなかった相手は、他でもない自分自身でした。**十歳で女の子に初恋をし、それが良くないことだと思い込み、その記憶を封じるように男性との恋愛を重ねてきた自分にとって、「自分はレズビアンだ」と自分自身に対して言うのは並大抵《なみたいてい》のことではありませんでした。

「レズビアンっていう、ちょっと珍しい特別な存在になりたいだけでしょ」
「レズビアンっていう、新しい世界を試してみたいだけでしょ」
「男とセックスできたわたしが、レズビアンなわけないでしょ」

「男と付き合ってたわたしを、レズビアンの皆さんが受け入れてくれるわけないでしょ」
「女の子ばっかり見ちゃうのは、レズビアンだからじゃなくてライバル心でしょ」
「レズビアンキャラで行けば、タレントとして売れるとか思ってるんでしょ」
「女と寝たこともないのに、自分がレズビアンかどうかなんてわからないでしょ」
「レズビアンなんかじゃないでしょ」

頭の中にこういう言葉が、何度も何度も響《ひび》いていました。まるで自己暗示のように。今思い起こせば、正直何度も女性相手にドキドキしていました。けれど、それも全て「一時的な興味」だと片づけていました。「レズビアン」という言葉に、遠い異国の文化かなにかみたいな響きを感じていました。「自分はレズビアンの人たちと、生きている世界が違うんだ。レズビアンの人たちは例えばすごくムキムキで、トゲトゲつきの革ジャケットとか着ててスキンヘッドに真《ま》っ赤《か》な口紅《くちべに》してる人とか、もしくはポルノ女優みたいにめちゃくちゃセクシーで『うふ……お姉さんとしてみる？』とか言いながらウインクしてくる人とか、そういう人たちなんだ。自分なんか見た目も地味《じみ》だし、『男と付き合ってました』とか言ったら無理矢理襲われて再教育されるんだ！　うわああ‼」って本気で思っていたんです。

やがて大学に入り、わたしは「クィア理論」とか「ジェンダー／セクシュアリティ論」といった学問に出合いました。エッチな夜の世界の言葉だと思っていた「レズビアン」という言葉が、まったく学問的な響きを持って使われている。衝撃《しょうげき》でした。わたしはすぐに専門の研究室の扉を叩き、学生たちが主催《しゅさい》する読書会に参加しました。

そこでもまた、新たな衝撃を受けました。「自分はバイです」と堂々と言う先輩。「最近彼氏がさぁ〜」と普通の恋バナのノリで話す男子学生。同じ学校で勉強している人たちが、実はゲイだったりバイセクシュアルだったりするんだ。いちいち言わなかっただけで、こんなに身近にいっぱいいたんだ……。本当にものすごい衝撃でした。だけれども、レズビアンだという人には会わなかったですし、自分も当時は異性と付き合っていたので、「身近だけれど違う世界」という感覚でした。わたしは自分をレズビアンであると言うことができずに、「アライ（※性的少数者に理解のある、異性愛者）です」と名乗っていました。

そこから、なんと言いますか、「レズビアンになるための戦い」が始まります。どういうわけか「レズビアンになるためには女性とセックス経験がなくてはいけない」と思い込んでいたのです。自分がレズビアンかどうかということは、経験が決めることでもお医者さんが決めることでもなんでもなく、自分の感覚で選ぶことでしかないのですけれどね。ここで第二段階が始まります。「レズビアンコミュニティへのカミングアウト」です。

「わたしはレズビアンです」なかなか言いづらかったこの言葉も、レズビアンバーやイベントでは仲間に入れてもらうための魔法の言葉に変わりました。ミクシィで小規模なレズビアン向けオフ会を探し、参加申請とともにわたしは初めてこの言葉を口にしました。

初めて行ったレズビアン向けオフ会には、どこにでもいそうな女の人たちがたくさんいました。同い年もたくさんいて、「親にも普通に彼女紹介してるー」と明るく言う姿に勇気づけられたのを覚えています。自分のことを聞かれて、わたしはこういう風に説明しました。「女性と付き合ったことはない。けど、今までの彼氏にお化粧したり女装してもらおうとしたり何度もしたし、街を歩いててもイケメンには全然興味なくて、可愛い女の子を見つけた時だけテンションが上がる」と。「うわー、それすっごいレズだね!」と明るく返されて、謎の嬉しさがこみ上げたことをよく覚えています。

わたしはとにかくレズビアンイベントに行くようになりました。誰か女性と肉体関係を持たないと、真のレズビアンだとは名乗れない! という、相変わらずの思い込みから来るものでした。がつがつオーラに引いてしまったのであろう女の子たちにひたすらフラれ続ける中、わたしはふと疑問を抱きました。

「あれ……？　恋愛って、『レズビアンになるため』にするものだったたんだっけ……？」

自分がレズビアンという言葉にとらわれていたことを思い知り、いわばレズビアンだとカミングアウトする不必要性に気づいた第三段階がここでした。

女性を好ましく思う気持ちに、自分がレズビアンであるというカミングアウトも、それが恋愛感情なのかどうかという判断も、実は別に必要ないのだ。可愛い女の子は可愛い。それは単なる事実だ。性的指向や恋愛か否かにとらわれず、ただ『好き』は『好き』として大事にすればいいのだ！　ものすごい解放感を味わいました。

その当時わたしは、男女混合三十三人が共同生活を送る、渋谷《しぶや》のシェアハウスに住んでいました。カミングアウトできなかった頃に起因《きいん》する人間不信を直し、人づきあいを学ぶための選択でした。

同居人の可愛い女の子に「おはよう！　今日も超カワイイね！」と毎日言いました。その子が片思いしている男の子についての相談も、その子の幸せを想って聞きました。同居する友達に「レズなの？　お風呂覗かないでよ」と言われても、「愛した女の体以外興味ないわよ」としたり顔で答えました。気づけばシェアハウスの誰にも隠す必要を感じなくなっていました。むしろ、最初は「じゃあ俺たち男が嫌いなんだよね」などと誤解していたり「女部屋に入りたくてシェアハウスに来たの？」と気味悪がったりしていた人も、ひとりひとりにあるがままの答えを返していった結果、レズビアンイベントに向かうわたしに「おう！　いい女捕まえてこいよ‼」とまで言ってくれるようになっていました。

カミングアウトする必要も、隠す必要も感じない。特に「レズビアン」という言葉を使わず、ただ自分の感じたことを自分の言葉で言うだけ。そういう段階に来ると、いちいち「レズビアンになるためには女と寝なきゃ！」だとか「告白！」などと身構えることもなくなりました。自分がレズビアンだろうがなかろうが、この感情が恋愛だろうがなかろうが、どうでもいい。素敵な女の子には素敵だと言うだけだ。こんなにシンプルだったんだ！　毎日が楽しくて仕方ありませんでした。「自分は、実はレズビアンなんです……」だなんて前置きしなくてもいいんだと、心から実感する日々でした。

そんな中、出会いは訪れました。その日わたしは、なんだか強い確信をもって、「今夜運命の人に出会うの！」と言いふらしていました。ばっちりお化粧をして、めいっぱいおしゃれして、わたしはわくわくしながら女性限定のクラブイベントに出かけました。

音楽と人ごみの中、彼女がいました。ショートカットに凜々《りり》しい顔立ち、胸の開いたシャツを着た青い瞳《ひとみ》の美女。きっと恋人と来てるだろうなあ、と思いましたが、付き合う付き合わないじゃなくてとにかく伝えたいと思い、その背中を追いかけました。肩を叩き、振り向いた彼女にはっきりこう言いました。

「素敵ね！」

「ありがとう。一緒に踊《おど》る？」

そう言った彼女が、今の妻です。

今恋人いますか？　とか、自分は実はレズビアンで……とか、付き合ってくれませんか？とか、そういう長い言葉は何もいりませんでした。長い言葉でしゃべろうとすると、どうしても自分を守るための言葉が入ってしまいます。それよりも**たった一言「素敵ね」とか「可愛いね」とか言う方がずっとまっすぐ伝わるし、付き合えなくても相手は喜んでくれるんだ、と知ったのです。**

彼女とふたりで暮らしはじめ、幸せまっただ中のうちに、第四段階がやってきました。職場（つまり所属している芸能事務所）へのカミングアウトです。当時のわたしは、同性の恋人がいることを、もう全く特別なことだと思わなくなっていました。いつものようにオーディションに向かい、「最近うれしかったことは」と聞かれて、胸を張ってこう話し始めました。

「最近、彼女が……」

「彼女!?」

気づけばディレクターさんから「日本初のレズビアンタレント」と書いた構成台本を渡され、テレビカメラと大物タレントさんたちを前に彼女のことを話していました。そしてそのまま、番組レギュラーとして使っていただくことに。もう、こうなったら事務所には隠せない。わたしはレズビアンタレントとしてのレギュラー出演と、彼女との婚約をきっかけに、所属事務所社長であり師匠である杉本彩さんにご挨拶する決意をしました。

杉本彩さんといえば、アルゼンチンタンゴや小説などで、「男と女」の世界を表現していらっしゃる方。わたしが同性愛者だと知られたら、クビになるかもしれない……。緊張のあまりものすごく挙動不審《きょどうふしん》になっていて、なんと言ったのだかもう覚えていません。ただ、わたしのカミングアウトに、こう答えた彩さんのお言葉だけは一生覚えているでしょう。

「芸能活動は、社会に伝えたいメッセージがあってこそ意義を持ちます。あなたはレズビアンとして、思春期にたくさん辛い思いをしてきたのでしょう。ならばそういう思いをする子たちがこれ以上増えないようにすることこそ、これからのあなたが活動する意義なんじゃないかしら」

思い出すと、今でも涙ぐんでしまいます。確かに彩さんも、芸能活動と共に動物愛護活動をずっと続けていらっしゃる方です。彩さんはすぐに、わたしの出演するインターネット放送「まきむぅ&こゆたんのレズビアンチャンネル」へメッセージをお寄せくださいました。マネージャーは、彼女と暮らすため渡仏し、しばらく芸能活動が難しくなるわたしを、手を尽くして芸能界に残してくれました。

こうした周囲の温かい応援によって芸能活動を続けることができましたが、同時に現実と向き合うことにもなりました。「子どもが観る時間のテレビにレズビアンを出すなんて」という憤《いきどお》り。「レズビアンだとバレて学校にも家庭にも居場所がない」という視聴者の痛切《つうせつ》な声。家を追い出され、学校ではいじめに遭い、国によっては死刑にすらなるほどの、同性愛者をとりまく現実。ただ人が人を好きになる、それだけのことで、いったいどうして……。追い打ちをかけるように、母親から長い長いメールが届きました。辛すぎてしっかり読めませんでしたが、テレビでレズビアンだと公表しているわたしに対する怒りのメールでした。

ここで最終段階に入りました。家族へのカミングアウトと、同性愛嫌悪に対する怒りの克服《こくふく》です。家族に平和的に彼女を紹介するために、同性愛者をとりまく現実に立ち尽くさないために、わたしが試みたのは、「なぜ?」と問うことでした。「同性愛者は許せない」というようなメールに対し、一通一通「ご意見ありがとうございます。なぜですか?」と返事を書いてみました。とにかく「なぜ?」と問い続けた結果、同性愛嫌悪の背景には共通して、「知らないものへの恐れ」が隠れているように思えてきました。わたしはあらためて、あるがままを説明する決意をしました。彼女の写真を持って、わたしはわたしが同性愛者であることに怒っている母と、そのことをまだ知らない父に会いに行きました。

「すごく大好きな人がいます。その人と暮らすためにフランスに行きます。これがその人の写真です」

「なんだか、女の子みたいな人だな」

「そうなの。女の子なの。わたしはこの人を愛しています。誰にも言えなかったけれど、わたしはずっと女性だけが恋愛対象でした。もうこれ以上嘘をつきたくないし、結婚するんだからちゃんと紹介したい。一週間後にこの人を連れて挨拶にきます」

先に写真を見せ、レズビアンとか同性愛とかいう言葉は使わず、自分の思っていることをただ自分の言葉で説明しました。

父は、怒ったような顔で、何を言っているのかわからない、と言いました。けれども一週間、ものすごく考えてくれていたのだと思います。一週間後、両親は食卓に見たこともないようなごちそうを並べ、彼女のことを温かく迎えてくれました。祖母はわたしの同性婚を知り、こんなふうに言ってくれました。**「おばあちゃんは、朝子の結婚相手が男か女かなんてことより、いい人かどうかのほうがずっと大事だよ」**

家族からわたしに対しては、「娘がレズビアンだって⁉」という気持ちが、わたしから家族に対しても、「レズビアンだなんて理解してもらえない」という気持ちが、それぞれにあったのだと思います。レズビアンという言葉にとらわれ、相手自身が何を考えているのか知ろうとしない、知らないから恐い、そういう気持ちが。だから、今振り返ればわかります。一番大事なのはお互いを知ろうとする気持ちであり、レズビアンであると伝えることではないのだと。カミングアウトは自分のことを話した結果であり、目的ではないのだと。

今はもう、「出ていく」を意味するカミングアウトというより、そもそもどこにも入っていなくてフルオープンみたいな状態で暮らしています。いわゆる、オープンリー・レズビアンというやつですね。それでも「男とやれば変わるでしょ」とか、いまだに言われます。わたしは、相手が自分と話すことをやめないでいてくれる限り、こう尋《たず》ねることにしています。「なぜですか?」

人と人が一〇〇%わかり合うことは不可能です。だからこそしんどいけど、だからこそ面白くて、だからこそ学びも多いのです。変わり続ける他人に、それがしんどければ変わり続ける自分自身に向き合って、決めつけるのではなく感じること、判《わか》ろうとするのではなく解《わか》ろうとすることをやめないでください。

それすらしんどいなら寝てください。食べてください。オナニーしてください。それすらしんどいなら何もしないでください。

何もしないわけにいかないなら、せめて心だけでも無にして休めてください。ちゃんと休んだあと、一人ひとりにちゃんと目を向けたら、「レズビアンは男嫌いだ」とか「男はみんな乱暴だ」とか色眼鏡《いろめがね》で見ていたころより、ずっと世界はカラフルなはず。レズビアンとか、男とかいった言葉の前に、それぞれの人間がいるのです。両親にカミングアウトする時だって、一番伝えたかったのは「わたしはレズビアンです」ということではなく、「愛する女性がいて幸せです。産み育ててくれてありがとう」ということでした。

レズビアンという言葉は、説明には便利だし、その言葉の下で仲間を探すのにも便利です。だけれど、つまりは便利に道具として使えばいいだけの言葉だとも言えるでしょう。わたしはレズビアンという言葉を自己紹介で便利に使いますが、自分はレズビアンではなくて、妻を愛する自分自身だと思っています。それとは別に、可愛い女の子を見ると、テンションが上がっちゃうんですけどね。

7章

わ……
わたしのせいで
ヒロミさんや
アキラさんに
無関係の話になって
ごめんなさい！
えー？
そんな風に
思ってないよ、
ねえ？
うん、俺も
そうね、
実は誰にも
無関係のことでは
ないのよ
これを見て
ちょうだい

器から札へ

先生、それなんの絵ですか？
モテるための、最後の秘密よ！

7章 ホモフォビアとホモフォビアフォビア

「同性愛者として生きる覚悟」？

ヒロミ

「モテるための最後の秘密だってー。なんかわくわくしちゃーう」

アキラ

「長かったような、短かったような……」

はるか

「本当にすみません、私のせいで、同性愛の話ばっかり……」

ヒロミ

「だから全然そんなこと気にしてないって」

サユキ

「まぁ、アキラとヒロミにとっては、知らなくても損はしなかった知識だろう

ね。自分らと違って、あんたたちは普通の恋愛をしていくんだろうし」

ヒロミ

「えっなんかそれちょっとヤな感じなんだけど！　私たちが聞いても無駄ってこと!?」

アキラ

「普通の恋愛、うん……サユキさんたちから見たらそうなのかなあ……」

ヒロミ

「今まで色んな話一緒に聞いてきたのに、『やっぱりお前らは違う』ってなっちゃうのー？」

サユキ

「あんたたちにケチをつけたいわけじゃない。でも、どう理屈をつけても自分は今この世界では『セクシュアルマイノリティ』だよ。恋人と手を繋いだだけで『マジョリティ』に気持ち悪がられたり、悪口を言われたりする。そういう事実って、変えようがないですよね、先生」

マヤ

「ええ。セクシュアルマイノリティが、あるいはマジョリティ全員がそうだとは言わないけれど、それも一面の事実ね。けれど、セクシュアルマイノリティが何故気持ち悪がられるかということを考えた時、それは『セクシュアルマイノリティ全員が本質的に気持ち悪い存在だから』ではないんじゃないかしら」

サユキ

「どういうことですか？」

マヤ

「『男／女』につきまとうものと同じ。『気持ち悪い』というのは、個人の意見、イメージでしかない。わたしやあなたそのものが持っているのは、『自分』だけだもの」

はるか

「そ、そうだとしたら私……同性愛者として生きていく覚悟を持つ自信が、ありません……」

アキラ

「え？　なに、どういうこと？」

はるか

「どんなに頭で考えて、同性愛は変なことじゃないって言ったとしても、感覚では気持ち悪いって感じてしまう人、いるんじゃないかと思ってました。今のサユキさんの話聞いて、やっぱりそうなんだって……それに対抗するために『自分』を強く持つしかないんだとしたら、きっと私なんて駄目《だめ》です。レズビアンだってことを抜きにしても、きれいじゃないし、勉強もできないし……」

アキラ

「そ、そんなに卑下《ひげ》しないでよ。まだ高校生なのに」

「はるかちゃんが大人になるころには、もっとみんなの考え方が変わってるかもしれないよ？　同性結婚できる国も増えてると思うし！」

「私が将来、家族に彼女を紹介した時に、一見笑顔で受け入れてくれていても、『本当は気持ち悪いし悲しい』って思っているかもしれませんよね。同性愛を気持ち悪いって思う人のこと、『それは差別だ！』って押さえつけてしまうのは、まるで同性を愛した人のことを『それは異常だ！』って押さえつけてしまったのと同じ構図なんじゃないでしょうか」

「うーん、そうなのかなぁ？」

「私が同性愛者であるせいで、彼女まで『気持ち悪いレズビアン』扱いされてしまったり、心の底では悲しんでいる家族に、私が同性愛者であることを受け入れるように強制してしまったり……それって、私のせいでみんなを傷つけているってことだと思うんです。同性愛者として生きる覚悟は、人を傷つける覚悟なんでしょうか。だとしたら私には、そんな覚悟、できません……」

サユキ

「なんでそんなに、全部を自分だけのせいにするかね？」

はるか

「……！」

ヒロミ

「サユキさん、急にトゲトゲしくなーい!?」

サユキ

「素直な感想だよ。『私は人を傷つける存在……』とか、それ、当たり前だからね。『私は呼吸する存在……』とか言ってるようなもんだよ」

はるか

「あ……」

アキラ

「あ、ちょ、ちょっと落ち着いてくださいよ」

サユキ

「落ち着いてる上で、『同性愛者として生きる覚悟』なんてもんは自己陶酔に過ぎないって言ってるの。こういう言い方するのはさ、自分を『人と違う特別な同性愛者』だと思ってるせいなんじゃないの。でもさ、同性愛者じゃなくたっ

て人間は傷つけ合うんだよ。それ自体は一緒じゃないか」

ヒロミ

「えーっ！　サユキさんだってさっき、自分は『セクシュアルマイノリティ』だから気持ち悪がられる、私たちは普通の恋愛をする人、って言ったじゃん。それって、はるかちゃんが言ったことと同じじゃないの？」

サユキ

「……」

アキラ

「あ、えっと……」

サユキ

「悪い、その通りだ。大人げなかったよ。なんか彼女の言ったことが、『同性愛者は人を傷つける』みたいな言い方に聞こえてさ、言わずにいられなかった」

はるか

「私も、ごめんなさい……」

マヤ

「ありがとう。今、みんなとても大切な話をしてくれたわ。『同性愛者として生きる覚悟』とはるかちゃんは言ったけれど、もはやそれは大きく言えば『人間として生きる覚悟』ね。そして人間はそのつもりが無くても、人を言葉で区別

してしまうものなの。

『日本人はみんな礼儀正しい』

『東京の人は冷たい』

『ゲイはみんなファッションにうるさい』

『同性愛者はみんな芸術的センスがある』

これらはいずれも根拠の乏《とぼ》しい、思い込みによる区別です。仮に、例えば『同性愛者には高学歴が多い』とか『男性は細かいことに気づかない』という学術的な統計なり研究があったとしても、それはあくまで傾向に過ぎないわよね。傾向から物事を判断し、『あなたは男性だから細かいことに気づかない。だからあなたを看護師に採用しない』というようなことをしてしまうと、区別が差別になってしまうの」

「どうしたらいいんでしょうか……？　区別する言葉をなくせば、差別もできなくなるんでしょうか。悪い言葉を一つも言わなければ、人を傷つけなくてすむ

んですか？」

マヤ

「その言葉によって傷つく人は、確かに減るでしょうね。だけど差別の背景にある、『人々を区分けし、扱いに差をつける感覚』が消えるとまでは言えないでしょう。例えば、現在差別的なニュアンスを含むとされる『レズ』という言葉がなくなったとしたって、サユキさんやはるかちゃんがさっき言ったみたいに、女性同性愛者を感覚的に気持ち悪いと思う人自体が魔法のように消えていなくなるわけではないのよね。それは辛いことかもしれない。でも、覚えていてね。そうした感覚は、あくまでその人の中の『区別に基づくイメージ』に向けられたものであり、『あなた自身』に向けられたものではない、ということを。人間は区別しあい、傷つけ合う生き物なの」

サユキ

「自分たちセクシュアルマイノリティは、普通の恋愛してる奴らに傷つけられてる。そう思ってたのかもな」

はるか

「私は自分が同性愛者であるせいで、人を傷つける。そう、思ってました」

マヤ

「そうね。そのこと自体は責めないで。最初の話を思い出して。『同性愛者』だ

とか『女』だとかである前の、人それぞれに目を向けるのよ。そうして区別しあうことや傷つけ合うことを乗り越えて、理解しあおうとする気持ちを、広い意味で愛と呼ぶのではないかしら」

「ポジティブすぎませんか？　どうせ人は、わかり合うことなんてできないのに」

「ええ。わかり合うことなんてできないわ。けれど、私たちには選ぶことができるの。わかり合えないからと背を向けることも、わかり合えないからこそ、わかり合おうと努めることも」

「差別する人たちを差別する」ことの果てしなさ

「でもさ、ほんと、なんで同性愛ってそんなに嫌がられるの？」

「『みんなに嫌われる』んじゃなくて、『嫌う人もいる』っていうだけよ。その背景には、こういう理由が隠れていることもあります」

1『同性愛者はみんな、自分を含む同性全員を性的な目で見ている』と誤解している。

『同性愛はどこか新宿二丁目とかでひっそりやってほしい、自分が同性に性的な目で見られたら不快だ』

『以前同性愛者に付きまとわれた、だから同性愛者全員が気持ち悪い』

2 個人的な悲しみや怒りを、同性愛者全体にぶつけて発散している。
『彼氏が実はゲイだった。ゲイってみんなこうやって女を騙《だま》すの!? 許せない』

『女同士でくっついたりするから俺が余るんだ！』

3 政治・宗教的信念により、同性愛は許せないと信じている。
『神は同性愛を認めない、神の意思に反する』

『同性愛は自然の摂理《せつり》に反する』

『同性愛は欧米諸国からもたらされた悪い価値観だ』

4 自分自身の同性愛的傾向を否定したい。

『同性愛者は滅《ほろ》びろ！　（だから、こう言ってる自分は同性愛者じゃない！）』

マヤ

「もっと細かく分類していくことも可能だけど、きりがないわね。こうした様々な背景に基づく同性愛嫌悪のことをまとめてホモフォビア、同性愛嫌悪者のことをホモフォブと呼びます。ただしこれも、新たなカテゴリを人に押し付けるような言葉ではあるけどね」

サユキ

「自分がよく見るのは（1）だな。異性愛者が異性全員を性欲の対象にしていないように、同性愛者にだって好みってもんがあるんだけどね。何故か異性愛者以外は周りみんなに欲情しているはずだ、みたいな考え方があるんだよな」

アキラ

「（2）や（3）については、セクシュアリティの話題以外でもぶつかる原因になるものですよね……戦争だって、こういうことが原因で起きたりするし。うう～ん、難しいな」

はるか

「私、（4）はわかります……私も、そうだったから。自分が同性愛者だって認めたくなくて、そういう言葉を連想させるもの、全部避けていました」

アキラ

「……でも、ホモフォビアって、俺も持ってるかもしれない……」

ヒロミ

「えっほんと？　どういう？」

アキラ

「飲み会で酔ってちょっと男同士で抱き合ってたり、特定の男友達と仲良くしてただけで、『ホモだー！』ってはやし立てる奴とか、いるじゃん。俺も何回かそうやって笑われたことあるんだけど、そういう時、なんか嫌だって思って、強く否定しちゃうんだよね。それって、つまりホモフォビアだろ」

サユキ

「そういうのって、いちいち名前つけなきゃいけないことかね。そんなこと言ったら自分だって、『セクシュアルマイノリティである自分』が大好きすぎるような奴が、『異性愛者は悩みがなくていいな』とかほざいてるの見るとぶん殴りたくなるよ。これは同性愛嫌悪する奴らを嫌悪する奴を嫌う、ってことだから『ホモフォビアフォビアフォビア』だっていうわけ？」

マヤ

「付け加えれば、同性愛者をある種の特別で個性的なかっこいい存在とみなす人もいるわね。そういう考えに基づいて演技することを、俗に『ファッションレ

ズ』とか『営業オネエ』と呼んだりします」

サユキ

「ヘアメイクになった男友達がそうだったな。『メイク中にオネエ言葉でしゃべるとモデルも笑ってくれるし仕事が増える』って理由で、仕事の一環としてオネエのふりしてた」

ヒロミ

「ええー、仕事のためだとしても、なんかそれって納得できなーい！　やめさせようよ、そんなの！　『ホモフォビアはダサい』とか『営業オネエはカッコ悪い』ってイメージを作っちゃえばいいんじゃない？」

アキラ

「それって、結局新しい区別を作って、これとこれは悪、ってすることだから、過去の繰り返しだよ」

ヒロミ

「うーん、駄目かぁ」

サユキ

「そうだね。完全な悪者にできる加害者なんていないってことだ。セクシュアリティのことに限らず、知らないうちに誰かを傷つけていることもある。自分も、きつく言っちゃうタイプだからね……気をつけないといけないなって、あんたたちと話してて思ったよ」

はるか

「私も、自分は駄目だ、自分は駄目だって言うことが、逆に人を嫌な気持ちにさせることもあるんだって、わかりました。誰もが被害者になるし、誰もが加害者になるんですね……」

マヤ

「ひとりひとりがどう心がければいいかということは、もう皆、わかっているみたいね。じゃあ、最後になってしまったけど、この図の説明をしましょうか」

器から札へ

ヒロミ

「先生、それ（二一四頁参照）ってなんなんですか？」

マヤ

「これはね、私たちの心の中を、ふたつの角度から見た絵よ」

はるか

「ふたつの……角度？」

マヤ

「そう。上の絵は、『異性愛者』『同性愛者』『レズビアン』『ゆとり』『ニート』

マヤ　はるか　ヒロミ　アキラ　マヤ　サユキ

……私たちがつくりあげた、色んな『カテゴリ』のラベルを貼った器に、人々が分けられているところよ」

「じゃあ、下は？」

「どんな図だと思う？　考えてみて」

「器は、ないんですね。見回せばみんながその辺にいる」

「ちょんちょんってついてるのは……なんかあれみたい、空港とかで荷物にくっつけるような……荷物札？」

「器が、角度を変えると、荷物札になる……？」

「そうよ。この札に書いてある言葉は、器のラベルとまったく同じです。『異性愛者』、『同性愛者』『レズビアン』……。でもこの人たちは、その札を好きな時につけたり、はがしたり、同時にいくつもつけたり、一つもつけなかったりすることが可能です。人と人を隔てるものがないから、時には望まない札を渡されることもあるわね。でもそれは、気に入らなければつけなければいいの。それだけなのよ」

「……先生が何を言いたいか、わかったよ」

「うん、俺も」

「私もわかったー！　はるかちゃんは？」

「わ、私も……なんとなく、わかった気がします。でも……でもっ……、それって、すごく難しいことじゃないですか？　下の絵のようだったらいいなって思います。だけど、私、こんな風に世界を変えられるんでしょうか？　現実の世界がどうなのか、わからないのに……」

「なにも世界を変える必要はないのよ、はるかちゃん。ただ、あなたが物を見る角度のほうを、今日からちょっぴり変えればいいだけ。そしてね、実際に見える世界は、こうだと思うわ」

「……！」

「なんだか、こうして見るとさっぱりした光景だね。淋しいとすら思うよ」

「うん、私もー」

「わかった！って思うのにすっきりはしないな、不思議《ふしぎ》と」

「ええ。淋しいからこそ、人は区別して仲間を見つけようとしたし、すっきりしないからこそ、人は区別して理解した気になろうとしたの。そのこと自体は否定しないわ。けれど、そこからちょっぴりステップアップしてみましょ。モテる秘訣、最後にもう一度まとめてみるわね」

・人を区別する言葉で決めつけず、その人個人の話を聞くこと

『ゲイなの？　オネエ言葉喋ってみてよ！』『男の人だから、甘いものは苦手だよね……』

　こういう言い方をせずに、目の前のその人がどう思うか？　の話を聞くこと。

・自分を区別する言葉で決めつけず、自分自身が何をしたいのか考えること

『自分は女だから、女を好きになるなんておかしい』

『自分はレズビアンだから、まだ女と寝たことがないのは恥ずかしい』

　こう思えたらもう一歩突き詰めて、なぜそれがダメなのか？　本当は自分はどうしたいのか？　しっかり考えてみること。

マヤ

「少しずつでいいの。ゆっくりでいいの。人は世界を変えられなくても、世界の見方を変えられるのよ」

エピローグ

マヤ

「さて、そろそろお時間ね。今日はどうだったかしら？」

ヒロミ

「うーん、今まで考えたことなかった話ばっかりで今、頭混乱中……」

アキラ

「俺もそうかも……」

サユキ

「……」

はるか

「私もです……」

マヤ

「あらあら、皆難しい顔しちゃってるわね。ここで、私が一番最初にした質問に

ついて、改めて考えてもらおうかしら。皆さんにとって『モテる』って何かしら？　どんな『モテ』をあなたは望んでいるかしら？」

「あのう、モテたくてこのセミナーに来たのに変なんだけど、『モテたい相手』がいなくなっちゃった気がするんです」

「ヒロミさん、それってどういう意味ですか？　もうモテなくてもいいってことですか？」

「いやいや！　今でもモテたいよ！　私は男の人と付き合いたい。出来ればイケメンで優しい人がいい。それは前と同じだよ。でも、これまでみたいに、合コンに行って、とにかく誰か一人くらいとは良い感じにならなきゃ、チヤホヤされなきゃって焦る感覚って、今合コン行ってもわかないかもしれない。『とにかく誰か』じゃなくて、私にとっての、大事な『誰か』を見つけたいなーって。私、その人にモテたい！……わかる？」

「うん、ちょっとわかる。俺の場合、学生時代から好きだった人がいて、『とにかく彼女がいい』だったんだ。でもいつの間にか、頭の中で作り上げた彼女が理想になっていたというか……。それって結局、誰でもない、『とにかく誰か』

と同じだよな。頭の中の理想ばっかり見て、目の前にいる人のことを見ていなかったのかもしれない。すぐ次の人に切りかえるのは難しいけど、もっと色んな人とよく知り合って、その中でモテたい、かな」

「まあ、とても嬉しい感想よ。その気持ちを、出会いを、大切にしてね。サユキさんはどうかしら？」

「……自分は元々、大勢にモテたいとは思ってなかった。自分のことを理解して愛してくれる、たった一人の女とさえ巡り会えればよかったんだ。でもきっと、『こいつは駄目』『こいつも解ってない』って選り分けていってもその人には出会えないんだろうな。先に、そうだね……自分と向き合いたい。まずは親に手紙を書いてみようと思う。愛した人たちとは離れてしまったけど、自分は人を愛することができて幸せだ、感謝してる、って。自分はどうせ、『オネエ』とか『オカマ』としてしか見られないんだ、家族や元カノや世間《せけん》のバカどもはなんでそういう見方しかしないんだ……って思ってた。でも、そうやって『みんなバカだ』ってつって引きこもる自分でいることを、やめるよ。いつかイイ女に出会った時、もっと大きな愛情を注げるように」

はるか

「ご両親に、会いにはいかないんですか……？」

サユキ

「向こうが、今の自分に会いたがらないだろうからね。でも、そういう親の気持ちも理解しようとするつもりだよ」

マヤ

「はるかちゃんはどう？」

はるか

「……すごく、勉強になりました。『モテる』がどういうことなのか……やっぱり、今は、よくわかりませんこの先のことも。でも、考えていきたいです。少しずつ」

マヤ

「ありがとう。私の方も、はるかちゃんたちと話す中で新しいことをたくさん知ったし、色々なことを学んだのよ。それも、私にとって大きな喜びなの。今日は皆さん、来てくれて本当にありがとう」

ヒロミ

「ありがとうございましたー！　皆、駅まで一緒に行こうよ」

サユキ

「自分はバイクだからここで抜けるよ。またどこかで、ね」

アキラ

「はい。じゃあはるかちゃん、一緒に行こうか」

はるか

「あ……はい……」

＊

はるか

「……先生！」

マヤ

「あら、どうしたの？　皆と行かないの？」

はるか

「私は……私は……わからないままです。好きってなんだろう、恋愛するってなんだろう、って。将来同性といっしょになるのかならないのか、恋愛するのかしないのか、私には、わかりません。でも、誰かのことをもっと知りたい、幸せになってほしい、その人を見ると私も幸せ、って、そういう気持ちは感じま

す。その対象が、同性だったとしても」

「それを言いにきてくれたのね……嬉しいわ。今話してくれた、その気持ちを大切にしてね。そこに、同性愛とかレズビアンという名前を付ける前に。それが私からあなたへの、一番の願いなの」

「……はい。大切にします」

「はるかちゃん。忘れないで。レズビアンという名前を引き受けても、引き受けなくても、あなたは人を愛せるのよ」

まきむぅからの手紙

エピローグ

高校の時、わたしは興味本位で美術史の授業を選択していました。そこで、美術史学者である故・宮下誠《みやしたまこと》先生が、こんなことを仰っていたのを覚えています。

「君たちに、妖怪《ようかい》の正体を教えてあげよう」

美術史じゃないじゃん、って思いましたけど。続きがすごかったです。

「妖怪っていうのは、君たちの未知《みち》への恐れに名前をつけたものだ。まだ妖怪の存在がリアルだった時代は、電気がないから夜は真《ま》っ暗《くら》だった。民家も木造で隙間《すきま》風が吹いて、ギシギシ音を立てた。国際交流が少ないから、外国人も珍しかった。暗闇で感じる不安感、正体不明の物音、当時の日本人にとっては見たことのない白人や黒人……そういう『よくわからないもの』に、人は名前をつけることで対処し、わかった気になろうとした。夜道を歩いていて後ろに感じる気配に『妖怪・べとべとさん』、夜中の変な物音に『妖怪・鳴家《やなり》』、体が大きくて言葉も通じない外国人に『鬼』『天狗《てんぐ》』といった具合《ぐあい》に。理解しようと思えば理解できるものだが、当時の人々にはその余裕がなかった。だけれども、わからないものをわからないまま置いておくのは恐い。人間は、理解できないものを恐れるものだから。その未知への恐れに、名前をつけることで理解した気になり、他者とイメージを共有した、それこそが妖怪の正体だ」

現代に生きるわたしたちは、「未知への恐怖」をあまり意識しません。科学の進歩によって多くの謎が解明され、夜は明るくなり、異文化交流も簡単になりました。近代以前に比べれば、「よくわからないもの」は比較的少なくなったといえるでしょう。そしてだんだん、「妖怪」という存在を信じる人の割合も減ってきました。けれどもこの、「わからないものに名前をつけることでわかった気になり、他者とイメージを共有する」行為自体はなくなっていないように思います。妖怪の存在を信じる人が減っても、妖怪を生むメカニズムは消えていない、ということです。

変な言い方ですが、「同性愛者」とか「レズビアン」とかというのはある種、現代の妖怪なのだと思っています。異性を好きになるのが普通だ、そうでないのはおかしい、意味がわからない、理解できない。ならばそういう人たちに「同性愛者」とか「レズビアン」という名前をつけよう。同性愛者ならしょうがないよね。レズビアンならそういう人たちだよね。自分とは関係ない、別の種類の人たちだ……そういう風に、**名前をつけることで自分と切り離し、わかった気になり、イメージを共有するのです。**

わたしの場合、「未知への恐れ」は自分自身に向いていました。自分の中の同性愛を嫌悪し、「よくわからないもの」として恐怖していたのです。女として生まれたのに、恋愛対象として見てしまったのは女だった。心から愛している彼氏がいるのに、彼の身体に性的興奮を感じない。人ごみの中にいても、イケメンにはそんなに興味がなくて可愛い女の子に目がいってしまう。女が好きなのに、男になりたいわけでもないみたい。自分っていったい、何者なんだ！　自分がなにを考えているのかわからない！　と。

感覚としては、ちゃんと答えが出ていたんです。「可愛い女の子が好き」とか、「どんなに愛していても、おっぱいがなくてすね毛やヒゲや男性器がついてる男の身体には興奮しない」とか。でも、それがなぜなのかわからなくて、それをそのまま感覚として受け入れることができなくて、女なのに女に惹かれる自分というのが、ほんとうに未知で恐怖の存在でした。

この「自分が何者なのかわからない恐怖感」を解決するために、わたしは「同性愛者」とか「レズビアン」という言葉を欲しがったのだと思います。「男としか付き合ったことがない自分は同性愛者じゃない」とか、「女と寝たことがない自分はまだレズビアンになれていない」とか、そんなの誰が決めたのかしらっていう謎の思い込みに苦しめられながら。わたしはこの「自分の中の未知への恐怖」に、色んな名前をあてがうことで、解決を試みました。

女性をあこがれや尊敬の対象にする「異性愛者の女性」

←

まだ運命の男性に会えていないだけの「異性愛者の女性」

←

まだ男性としか付き合っていないけど実は「バイセクシュアル」

←

実は女と付き合いたくて、
女と付き合える男に憧れたのを恋愛と勘違いしていた「性同一性障害」
←
でも手術したくはないから、単に「男装が好きな人」
←
でも好きな女の子に男扱いされると悲しいから、実は「レズビアン」
←
だけど実際女の子と付き合ったことはないんだから、実はなんか
ちょっと個性的なことをしてみたいだけの「ファッションレズ」
←
大学で真面目にセクシュアリティを勉強しはじめたので、
同性愛者じゃないけど同性愛に理解を示している「アライ」
←
単にアライっていいきるには女の子のこと気になりすぎるし、その
勢いでレズビアンイベントに行ってみちゃったからやっぱ「レズビアン」

でもまだ女と寝たことないし、男性経験があるから
わたしは真のレズビアンになれない。よって「バイセクシュアル」
←
悩み過ぎてよくわかんなくなってきたから、セクシュアリティを
決めていない／あえて決めない人という意味で「クエスチョニング」
←
彼女ができた！　やっと「レズビアン」
←
でもなんかもう名前はいらないや、要は単に女の子に惹かれる「自分」

色んな言葉で説明しようとしたなあ、って思います。レズビアンとか、ファッションレズとか、バイセクシュアルとか、性同一性障害とか、アライとか。けれどどんな言葉で説明しても、結局自分は自分だったのです。

だから、別にいっか、って思ったんです。分類されるならレズビアンだけど、あんまり新宿二丁目には行かないいし、レズビアン同士でつるみたいとも思わない。同性婚支持の政治家だからってすぐ投票したりしないし、レズビアンという言葉で人生の全部を説明できるわけでもない。ことさら「レズビアンとして生きる」とか「同性愛者として生きる」なんて思わなくてもいっか。わたしはわたしとして、わたしのしたいことを選んで生きてるだけだ。って。

レズビアンだと分類されることは受け入れるし、自己紹介の時も必要なら「レズビアンです」って言うけど、アイデンティティとしてことさら「レズビアン」という言葉を掲げたり、胸を張ったりしない。レズビアンである前の自分自身を生きることにしたんです。

「自分ってなんだろう」多くの人が考え、悩んできたテーマです。

「自分探し」に打ち込んだり、「自分らしく生きよう」と気合いを入れることが必要な時もあります。でもわたしは、「自分」を探すために、それほど頑張る必要はないと思っています。いわゆる〝中二病〟的な、「個性的」アピールをした時期もありましたが、その結果わかったのは、自分も含めたみんなが「『個性的なアタシ』という没《ぼっ》個《こ》性《せい》的な型」にはまっているんだ、という事実だけでした。

わたしが考える「自分らしく」とは、ここにいる自分に対して素直になることです。なににも、誰にも似ていない自分だけのスタイルを頑張って作り上げることではありません。

それはつまり、笑いたくもない時に愛想笑いしないことです。本当は興味もない流行を追わないことです。自分の周り、あるいは頭の中にしかない「みんなの普通」に合わせないことです。その狭い範囲の「みんな」が言っている（ように思える）ことにすぎない「常識」を疑うことです。人と同じになりたい、と思わないことです。人と違う個性的な自分でいたい、とも思わず、自分の好きなものやしたいことを素直に選ぶことです。そして、泣きたい気持ちを我慢しないことです。憧れの人の真似をしても同じにはならないことを知ることです。迷うことです。そして歩き疲れたとき、きちんと自分自身の意思を大切にして休むことができる、ということです。自称「仲間」から「なぜ社会に対して怒らないのか」と言われても、「頑張って！」と言われても、きちんと自分自身の意思を大切にして休むことができる、ということです。

だから、たとえそれが同性であっても、あなたが誰かを愛する気持ちを、未知のものみたいに恐れないでください。「レズビアン」や「ゲイ」という言葉で説明しなくても、本人がその気持ちを感じるのならそれだけでもう十分です。あなたが女で、好きな人も女で、彼女を見ていると幸せで、彼女に幸せでいてほしくって、できれば自分といてほしくって、でも手が届かないかもしれなくって、はがゆいけど、せつないけど、とにかく彼女が生まれてきてくれてよかった！　そんな気持ちを恋愛かどうかとか、レズビアンかどうかとか、線引きしないでそのまま受け入れてもいいと思います。それが自分の気持ちだって。

「レズビアン」や「ゲイ」にならなくても、あなたはあなたの愛する人を愛せます。人が人をカテゴリという器に押し込めても、それぞれのアイデンティティは、それぞれが選び身に付けるものです。

おわりに

ここまで読み通してくださったあなたに、まずはお礼を申し上げます。ありがとうございます。

この本は、「武器としての教養」を掲げる星海社新書から刊行されています。あなたは、なんのための、どんな武器を受け取ってくれたでしょうか。わたしとしては、どうかその武器を、敵に見える知人とか理解のない先生とかそういった生命体に向けることなく、星海社新書の創刊の辞を借りれば「自分の力で未来を切り開いていくため」に使って頂きたいなと願っています。

社会の仕組みは理不尽で、不平等で、エグくて、不完全です。「私は私」と胸を張ることにしたって、カテゴリのせいでうまくいかない現実は出てくるでしょう。この本で言えば、「あんた結局男でしょ」ってレズビアンイベントから排除されるサユキのように。

けれどもそういう時、どうか、あなたを押しつぶす「社会」なるものを、何か顔の見えない強大なものだとは考えないでほしいのです。社会とは結局、山田さんや鈴木さんや李さんやスミスさんやあなたやわたしの集まりです。ひとりひとりが、ひとりひとりと向き合うことにより、ゆっくりと確かに変わっていくものなのです。

したくもない愛想笑いをして、したかった恋をあきらめて、十代のわたしはただ、恐れていました。顔の見えない無数の人間たち——わたしが「社会」とレッテル貼りしていた、何かを。今でも人付き合いは苦手です。けれど、人は好きです。感謝します。本の企画から完成まで、編集・作画・また友人として二人三脚で走ってくれた小池未樹さん。企画選考中（この本は、「ジセダイエディターズ新人賞」受賞作です）、投票して下さった皆さん。愛ある指導を下さった担当の今井雄紀さんと柿内芳文さんはじめ、制作関係者の皆さん。表紙を撮って下さった青山祐企さん、相方役モデルのａｋａさん。杉本彩さんや担当マネージャーはじめ所属事務所の皆さん。日本とフランス家族と、空の上にいるおじいちゃん、おばあちゃん。そして、大好きな妻に。ありがとうございます。おかげさまです。

ぜひあなたの感じたことも聴きたいので、よければ牧村朝子って検索して、ツイッターやメールで気軽に話しかけてくださいね。お手紙もうれしく拝読します。ブログには匿名メールフォームも用意していています。

あなたがこれから、あなたのペースで、あなたの未来を切り開いていくことを、心から応援しています。

牧村朝子

●『性的マイノリティの基礎知識』ヴァネッサ・ベアード著、町口哲生訳／作品社（２００５）

●『同性愛と同性心中の研究』小峰茂之、南孝夫著／小峰研究所（１９８５）

●SPIEGEL ONLINE INTERNATIONAL/Gays and God: German Catholic Doctors Offer Homeopathic 'Gay Treatment' By Christoph Seidler
http://www.spiegel.de/international/germany/gays-and-god-german-catholic-doctors-offer-homeopathic-gay-treatment-a-766281.html（２０１３年9月28日取得）

●nam aidsmap
http://www.aidsmap.com/page/1415167/（２０１３年9月28日取得）

●『クイア・スタディーズ』（思考のフロンティア）河口和也著／岩波書店（２００３）

●『男の絆　明治の学生からボーイズ・ラブまで』（双書Zero）前川直哉著／筑摩書房（２０１１）

●『プロブレムQ&A　同性パートナー生活読本――同居・税金・保険から介護・死別・相続まで』永易至文著／緑風出版（２００９／）

●『女性同性愛者のライフヒストリー』矢島正見著／学文社（１９９９／05）

●『「レズビアン」である、ということ』掛札悠子著／河出書房新社（１９９２）

●「imago」１９９１年8月号「特集＝レズビアン」青土社

●「imago」１９９５年11月号「特集＝ゲイ・リベレーション」青土社

●「imago」１９９６年5月号「特集＝セクシュアリティ」青土社

●Homophobia: A History
Byrne R. S. Fone（著）Diane Pub Co（２０００）

●『〈同性愛嫌悪（ホモフォビア）〉を知る事典』ルイ＝ジョルジュ・タン著・編、金城克哉監修、齋藤笑美子、山本規雄訳／明石書店（２０１３）

●『同性愛の歴史』ロバート・オールドリッチ編、田中英史、田口孝夫訳／東洋書林（２００９）

●『性の用語集（講談社現代新書）』井上章一、関西性欲研究会著／講談社（２００４）

●『身代りの山羊』〈新装版〉（叢書・ウニベルシタス）ルネ・ジラール著、織田年和、富永茂樹訳／法政大学出版局（２０１０）

●『民族という名の宗教――人をまとめる原理・排除する原理』（岩波新書）なだ　いなだ著／岩波書店（１９９２）

●『プロブレムQ&A　同性愛って何？――わかりあうことから共に生きるために』伊藤悟、大江千束、小川葉子、石川大我、簗瀬竜太、大月純子、新井敏之著／緑風出版（２００３）

●Biological Exuberance: Animal Homosexuality and Natural Diversity（Stonewall Inn Editions）Paperback
Bruce Bagemihl（著）Stonewall Inn Editions; 1st edition（２０００）

●Osez le mariage gay et lesbien [Poche]
Paul Parant（著）La Musardine（２０１３）

星海社新書38

百合《ゆり》のリアル

二〇一三年一一月二五日 第一刷発行

著者 牧村朝子《まきむらあさこ》

©Asako Makimura 2013

発行者 杉原幹之助《すぎはらみきのすけ》・太田克史《おおたかつし》

編集担当 今井雄紀《いまいゆうき》

企画・構成・作画 小池未樹《こいけみき》

発行所 株式会社星海社
〒一一二-〇〇一三
東京都文京区音羽一-一七-一四 音羽YKビル四階
電話 〇三-六九〇二-一七三〇
FAX 〇三-六九〇二-一七三一
http://www.seikaisha.co.jp/

発売元 株式会社講談社
〒一一二-八〇〇一
東京都文京区音羽二-一二-二一
(販売部)〇三-五三九五-五八一七
(業務部)〇三-五三九五-三六一五

印刷所 凸版印刷株式会社

製本所 株式会社国宝社

ブックデザイン 吉岡秀典《よしおかひでのり》(セプテンバーカウボーイ)

フォントディレクター 紺野慎一《こんのしんいち》

図版 meyco《めいこ》

校閲 鷗来堂《おうらいどう》

ISBN978-4-06-138542-9
Printed in Japan

38
SEIKAISHA SHINSHO

次世代による次世代のための

武器としての教養

星海社新書

星海社新書は、困難な時代にあっても前向きに自分の人生を切り開いていこうとする次世代の人間に向けて、ここに創刊いたします。本の力を思いきり信じて、みなさんと一緒に新しい時代の新しい価値観を創っていきたい。若い力で、世界を変えていきたいのです。

本には、その力があります。読者であるあなたが、そこから何かを読み取り、それを自らの血肉にすることができれば、一冊の本の存在によって、あなたの人生は一瞬にして変わってしまうでしょう。思考が変われば行動が変わり、行動が変われば生き方が変わります。著者をはじめ、本作りに関わる多くの人の想いがそのまま形となった、文化的遺伝子としての本には、大げさではなく、それだけの力が宿っていると思うのです。

沈下していく地盤の上で、他のみんなと一緒に身動きが取れないまま、大きな穴へと落ちていくのか？　それとも、重力に逆らって立ち上がり、前を向いて最前線で戦っていくことを選ぶのか？

星海社新書の目的は、戦うことを選んだ次世代の仲間たちに「武器としての教養」をくばることです。知的好奇心を満たすだけでなく、自らの力で未来を切り開いていくための〝武器〟としても使える知のかたちを、シリーズとしてまとめていきたいと思います。

2011年9月

星海社新書編集長　柿内芳文

SEIKAISHA SHINSHO